Zu diesem Buch

«Der Schlüssel zur Betriebswirtschaft» ist der zusammenfassende Dachband einer Reihe, die das kaufmännische Grundwissen in strukturierter Form anbietet.

Jeder der Bände ist in sich abgeschlossen, zusammen bilden sie einen Grundkurs Betriebswirtschaftslehre

- für alle kaufmännisch Auszubildenden, die zunächst einen intensiven Gesamtüberblick bekommen sollen;
- für alle Interessierten, die in nichtkaufmännischen Betriebssparten arbeiten, aber die wirtschaftlichen Zusammenhänge kennen wollen.

Der Aufbau der Reihe orientiert sich am System des betriebsbezogenen Phasenunterrichts. Die Form der neuentwickelten, strukturierten Unterweisung erlaubt ein selbstbestimmtes Lernen, unabhängig von Lehrer und Lernort, aber unter ständiger Eigenkontrolle. Der Lernstoff ist inhaltlich und optisch in logische Einheiten gegliedert, zu denen es schriftlich zu lösende Aufgaben gibt. Sie haben den Zweck,

- wesentliche Sachverhalte hervorzuheben und sie dadurch besser einzuprägen,
- die Abgrenzung von umliegenden Problemen zu erreichen,
- eine sinnvolle Vernetzung des Gelernten mit bereits vorhandenem Wissen zu ermöglichen.

«Der Schlüssel zur Betriebswirtschaft» führt auf praktische Weise in die wichtigsten Probleme der Betriebswirtschaftslehre ein. An einem konkreten, durchgängigen Beispiel werden alle Fragen diskutiert, die sich einem Betriebswirt stellen: von der Planung eines Unternehmens bis zum laufenden Betrieb, von der Finanzierung über die Beschaffung, die Produktion, der Absatz bis zur Rechnungslegung. Die Verzahnung mit den anderen Bänden der Reihe, die stärker ins Detail gehen, wird durch Verweissymbole kenntlich gemacht.

Die weiteren Bände der Reihe, von Martin F. Wolters herausgegeben, sind:

Der Schlüssel zum Industriebetrieb

Band 1: Struktur des Unternehmens und Stellung in der Wirtschaft (rororo sachbuch 7110)

Band 2: Entscheidungen im Beschaffungs-, Produkions- und Absatzbereich (rororo sachbuch 7111)

Band 3: Entscheidungen im Finanzbereich und großer Schlußtest mit Planungsbeispiel (rororo sachbuch 7112)

Der Schlüssel zur Bilanz (rororo sachbuch 7113)

Der Schlüssel zur Kostenrechnung (rororo sachbuch 7253)

Der Schlüssel zur Volkswirtschaft (rororo sachbuch 7650)

Der Schlüssel zum Computer. In 4 Bdn. (rororo 8111–8114)

Kaufmännisches Grundwissen strukturiert

Der Schlüssel
zur Betriebswirtschaft

Basistexte Walther Zorn

Textanalyse und Didaktik
sowie grafische Lehrkonzeption
Siegfried Baumüller, Helga Schropp,
Wilhelm Tange, Anna-Elisabeth Ungnadner

Herausgegeben von Martin F. Wolters

Rowohlt

Originalausgabe
Redaktion: Ludwig Moos
Umschlaggestaltung Walter Hellmann
Illustrationen: Wilhelm Tange (Entwurf)
Ingrid Schulz (Ausführung)

54.–57. Tausend Oktober 1990

Veröffentlicht im Rowohlt Taschenbuch Verlag GmbH,
Reinbek bei Hamburg, Februar 1978
Copyright © 1978 by Rowohlt Taschenbuch Verlag GmbH,
Reinbek bei Hamburg
Satz Helvetica (Linotron 505 C und Linotronic)
Gesamtherstellung Clausen & Bosse, Leck
Printed in Germany
1080-ISBN 3 499 17135 X

Vorwort des Herausgebers

Die Reihe «Kaufmännisches Grundwissen strukturiert» bringt gezielt die wesentlichen betriebswirtschaftlichen Themen in Form von allgemeinverständlichen, praxisorientierten Einführungen.

Alle Bücher dieser Reihe sind zum Selbststudium geeignet; sie wurden nach einer vom Autorenteam neu entwickelten Methode – der Strukturierten Unterweisung – verfaßt.

Betriebswirtschaftliche Probleme werden hier nicht nur theoretisch abgehandelt, sondern ihre praktischen Lösungen an konkreten Beispielen aufgezeigt und in Übungsaufgaben vom Leser selbst nachvollzogen.

Die Reihe wurde entwickelt und geschrieben

- für alle kaufmännisch Auszubildenden, denen ein intensiver Überblick über das gesamte Gebiet der Betriebswirtschaftslehre gegeben werden soll, bevor sie sich in Details einarbeiten;

- für alle, die vielleicht aus mehr technisch orientierten Berufssparten kommen und sich über die Verfahren und Methoden der betrieblichen Praxis zur Bewältigung ihrer Aufgaben grundlegend informieren müssen;

- für Studenten, die sich zum erstenmal mit Betriebswirtschaftslehre befassen und denen an einem verständlichen ersten Einblick gelegen ist, der den Wissensbereich nicht nur theoretisch abhandelt, sondern zugleich die praktischen Bezüge aufzeigt;

- für alle, die sich für kaufmännische Zusammenhänge interessieren und sich nicht an akademischen Werken die Zähne ausbeißen wollen.

Denn: diese Reihe schließt die Lücke zwischen Werken, die ausschließlich für wissenschaftliche Zwecke geeignet sind, und der sogenannten populärwissenschaftlichen Literatur.

Jedes Buch kann ohne Kenntnis der anderen Bücher dieser Reihe gelesen und verstanden werden. Aber im Verbund erst bringen sie die komplette Einführung in die betriebliche Praxis.

Dieses Buch ist eigentlich der Schlüssel zu den «Schlüsselbänden» der Reihe. Alle Themen, die in den übrigen Bänden der Reihe im Detail dargestellt werden, sind in diesem «Schlüssel» angesprochen und in ihrem Zusammenhang aufgezeigt.

Der Herausgeber hofft, mit dieser Reihe dem Leser das Gebiet der Betriebswirtschaftslehre zu erschließen und ihm die Möglichkeit zu geben, Vorgänge in der Wirtschaft besser verstehen zu können.

München, im Februar 1978

Martin F. Wolters

Lernmethode und Lernziel

In diesem Buch wird, ebenso wie in den anderen Büchern dieser Reihe, eine vom Autorenteam entwickelte und erprobte neue Lernmethode angewendet:

die STRUKTURIERTE UNTERWEISUNG.

Im Gegensatz zur herkömmlichen Programmierten Unterweisung, bei der der Lehrstoff in kleine und kleinste Schritte zerlegt wird, an die sich einfache, schriftlich zu beantwortende Fragen anschließen, wird bei der Strukturierten Unterweisung der gesamte Stoff in größere, logische Einheiten gegliedert, die ein in sich geschlossenes Thema abhandeln.

Zu jeder logischen Einheit
gibt es schriftliche Aufgaben, gekennzeichnet mit
Deren Lösungen, gekennzeichnet mit
sind auf den Rückseiten beschrieben.

Zweck dieser Aufgaben ist es,

- wesentliche Sachverhalte so hervorzuheben,
  daß sie sich besser einprägen,

- die Abgrenzung von umliegenden Problemen zu erreichen,

- eine sinnvolle Vernetzung des Gelernten
  mit bereits vorhandenem Wissen zu ermöglichen.

Alle Themen werden in einfachen Sätzen so beschrieben,
daß keine Verständnislücken entstehen.
Interessante, aber für die Erreichung des Lernziels nicht
unbedingt erforderliche Details
sind eher weggelassen, bevor sie nur ungenügend erklärt werden.

Die inhaltliche Strukturierung des Lehrstoffes wird unterstützt durch eine das Lernen erleichternde optische Strukturierung. Wesentlich daran ist,

– daß die einzelnen Seiten übersichtlich gestaltet sind,

– daß der Text jeweils fortlaufend auf den rechten Seiten steht und die Sätze leicht lesbar sind,

– daß die bildlichen Darstellungen auf den gegenüberliegenden linken Seiten den Text pädagogisch wirksam unterstützen,

– daß also sachlich und logisch zusammengehörige Informationen auf zwei sich gegenüberliegenden Seiten stehen.

Im Text finden Sie zuweilen grafische Hinweise auf die anderen Bände dieser Reihe, in denen das angesprochene Thema ausführlicher behandelt wird.

Hinweis auf Band 1 des
«Schlüssel zum Industriebetrieb»
Struktur des Unternehmens
und Stellung in der Wirtschaft

Hinweis auf Band 2 des
«Schlüssel zum Industriebetrieb»
Entscheidungen im Beschaffungs-,
Produktions- und Absatzbereich

Hinweis auf Band 3 des
«Schlüssel zum Industriebetrieb»
Entscheidungen im Finanzbereich
und großer Schlußtest
mit Planungsbeispiel

Hinweis auf den
«Schlüssel zur Bilanz»

Hinweis auf den
«Schlüssel zur Kostenrechnung»

Wenn Sie das Buch durchgearbeitet und dabei alle Aufgaben gelöst und überprüft haben,

- dann haben Sie einen Überblick über die betriebswirtschaftlichen Probleme;

- kennen Sie die konkreten Fragen und Probleme, die sich von der Planung eines Unternehmens bis zum laufenden Betrieb, vom Absatz über die Beschaffung, die Produktion, die Finanzierung bis zur Rechnungslegung einem Betriebswirt stellen;

- haben Sie das nötige theoretische Hintergrundwissen, um die Probleme zu verstehen und Lösungsansätze zu sehen.

Da Inhalt und Lernmethode dieses Buches so gewählt sind, daß auch ein interessierter Nichtfachmann, der über keinerlei Vorkenntnisse verfügt, sich schnell und sicher in die Materie einarbeiten kann, können wir Ihnen einen sicheren Lernerfolg garantieren!

In diesem Kapitel
erfahren Sie etwas
über

– die zentrale Rolle
  des Planungs- und
  Entscheidungs-
  prozesses
  in einem
  Unternehmen

– die Zielsetzungen,
  an denen sich alle
  Planungen
  ausrichten

– die
  Gesamtplanung
  eines
  Unternehmens,
  die sich aus
  voneinander
  abhängenden
  Einzelplänen
  zusammensetzt.

Außerdem werden
Sie mit Mr.
Moneymaker und
seiner Idee bekannt
gemacht.

Planung im
Unternehmen

Entscheidungen im
Absatzbereich

Entscheidungen im
Produktionsbereich

Entscheidungen im
Beschaffungsbereich

Entscheidungen im
Finanzbereich

Rechnungslegung im
Unternehmen

Der Planungs- und Entscheidungsprozeß in einem Betrieb

Zielsetzungen eines Unternehmens

Wettbewerbsfähigkeit auf dem Kapitalmarkt

Wettbewerbsfähigkeit auf dem Absatzmarkt

Wettbewerbsfähigkeit auf dem Arbeitsmarkt

Planungsschritte

Folge der Einzelpläne

Der Planungs- und Entscheidungsprozeß in einem Betrieb

Die Betriebswirtschaftslehre befaßt sich mit der Untersuchung und Beschreibung der in einem Betrieb zu erledigenden Aufgaben.

Die Aufgaben eines Betriebes bestehen darin

- Leistungen abzusetzen –
  diese Aufgaben werden im Bereich ABSATZ erfüllt;

- Leistungen herzustellen –
  dies geschieht in der PRODUKTION;

- Material für die Produktion zu beschaffen –
  dies sind die Aufgaben der BESCHAFFUNG;

- finanzielle Mittel bereitzustellen –
  dies geschieht im Bereich FINANZIERUNG;

- Vermögensverhältnisse und Kostenverläufe sichtbar zu machen –
  dies geschieht in der RECHNUNGSLEGUNG.

Die Bedeutung dieser Aufgaben ist im allgemeinen unterschiedlich ausgeprägt. Bei einem Industriebetrieb sind alle Aufgaben etwa gleichrangig bedeutsam. Deshalb sind unsere Ausführungen am Industriebetrieb orientiert.

In allen betrieblichen Aufgabenbereichen ist ständig eine Fülle von Entscheidungen zu treffen, die sorgfältig durchdacht und planmäßig vorbereitet werden müssen.

Um zielgerichtet entscheiden zu können, müssen die Ziele und die Maßnahmen, mit denen diese Ziele erreicht werden sollen, festgelegt werden.

Diese Festlegung geschieht in einer mehr globalen Unternehmensplanung, die den Rahmen abgibt für die Ableitung detaillierter Teilpläne in den einzelnen Aufgabenbereichen.

Damit ist der Handlungsspielraum beschrieben, in dem sich der einzelne bewegen kann, so daß die einzelnen Maßnahmen in das Gesamtkonzept des Unternehmens passen.

Dieser betriebswirtschaftliche Planungs- und Entscheidungsprozeß soll in diesem Buch der Ansatz sein, um allgemeines betriebswirtschaftliches Grundwissen zu vermitteln.

Um die Probleme, die sich dabei stellen, nachvollziehbar zu machen, haben wir uns ein einfaches Beispiel ausgedacht, das sich durch das ganze Buch zieht.

Wir stellen uns vor, jemand – wir nennen ihn Mr. Moneymaker – hat die Idee, ein Produkt – wir nennen es Würfel – auf den Markt zu bringen. Von der ersten Idee über die Gründung des Unternehmens und die laufende Produktion bis zum Verkauf des Produktes sind eine Menge von Planungsaufgaben und Entscheidungsprozessen zu durchlaufen, die nahezu alles abdecken, was an Planungs- und Entscheidungsaufgaben überhaupt in einem Betrieb vorkommen kann.

Auch ein Unternehmen, das schon seit Jahren läuft, muß sich mit solchen Planungs- und Entscheidungsaufgaben befassen, da für jedes Geschäftsjahr neue Pläne erstellt werden müssen und deren Einhaltung zu kontrollieren ist.

Diese Planungs- und Entscheidungsaufgaben sind aber nur mit dem notwendigen betriebswirtschaftlichen Rüstzeug zu erfüllen.

Grundkenntnisse zum Verständnis von Planungs- und Entscheidungsaufgaben in Verbindung mit den Entscheidungen, die Mr. Moneymaker zu treffen hat – zu vermitteln, ist das erklärte Ziel dieses Buches. Dabei finden Sie immer wieder Hinweise auf eine vertiefende Darstellung der einzelnen Themen in den speziellen Folgebänden der Reihe.

Und nun zu Mr. Moneymaker und seiner Idee!

*Mr. Moneymaker
hat ein neues Produkt erfunden und entwickelt.
Dieses neuartige Produkt, für das das Symbol
steht, existiert bislang nur im Kopf von Mr. Moneymaker
und auf dem Papier.*

*Der Planungsablauf beginnt gewissermaßen auf der «grünen Wiese»,
auf der später ein Betrieb stehen soll, der das Produkt Würfel herstellt
und vertreibt. Außer der Vorstellung über das Produkt ist Mr. Moneymaker über das neue Unternehmen noch nichts bekannt.*

*Anhand von Plänen, die eine Fülle von Entscheidungen einschließen,
wird Mr. Moneymaker nach und nach genauere Vorstellungen gewinnen.*

Sie werden diesen Planungsprozeß miterleben.

Damit Sie alle Entscheidungen gedanklich nachvollziehen können, werden Ihnen Schritt für Schritt betriebswirtschaftliche Grundkenntnisse vermittelt, über die auch Mr. Moneymaker verfügen muß, um seine Entscheidungen treffen zu können.

Zielsetzungen
eines Unternehmens

Planen heißt Maßnahmen vorsehen, mit denen ein bestimmtes Ziel erreicht werden kann.

Bevor geplant wird, muß deshalb das Ziel beschrieben werden.

Je genauer die Zielbeschreibung ist, um so präziser können die geplanten Maßnahmen auf das Ziel gerichtet sein.

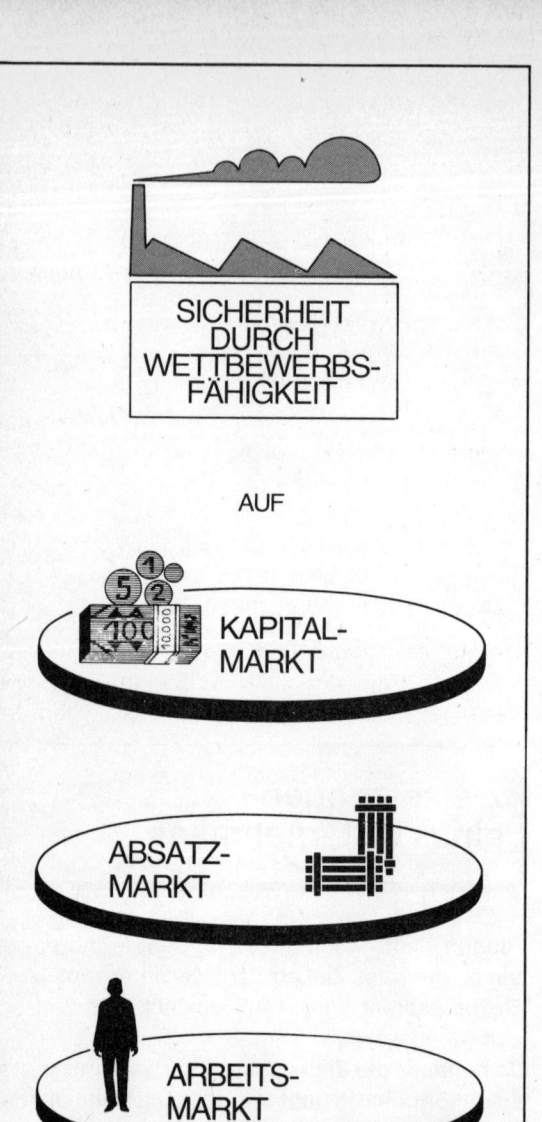

Welche Ziele verfolgt ein Unternehmen?

Wie kann ein Unternehmen seine Wettbewerbsfähigkeit sichern?

Das oberste Ziel des Unternehmens muß es sein, sein Bestehen zu sichern. Das ist nur möglich, wenn das Unternehmen wirtschaftlich gesund bleibt und sich auf den **Märkten**, auf die es angewiesen ist, durchsetzen kann.

Diese Märkte sind im allgemeinen

Kapitalmarkt ● Absatzmarkt ● Arbeitsmarkt

Insbesondere ist es wichtig, daß das Unternehmen mehr Werte schafft als es verzehrt, d. h., daß es **Gewinn** macht.

Ein angemessener Gewinn ist nicht nur ein Zeichen dafür, daß das Unternehmen gesund ist, sondern Gewinn ist u. a. nötig, um diejenigen, die Kapital in das Unternehmen gesteckt haben, dafür zu entschädigen (als eine Art Verzinsung). Außerdem muß das Unternehmen daraus einen Teil seines **Wachstums** finanzieren.

Wettbewerbsfähigkeit auf dem Kapitalmarkt

Um auf dem *Kapitalmarkt* wettbewerbsfähig zu sein, d. h. Kapitalgeber zu finden, muß eine **vernünftige Verzinsung** des Kapitals angeboten werden. Außerdem will der Anleger die Sicherheit, daß sein Kapital nicht verlorengeht.

Wettbewerbsfähigkeit auf dem Absatzmarkt

Voraussetzung dafür, daß ein Unternehmen Gewinn macht, ist, daß es seine Leistungen auf dem *Absatzmarkt* verkaufen kann. Durch **gute Qualität, vernünftige Preise, gute Konditionen** (Lieferzeit, Service usw.) muß das Unternehmen sich gegenüber den Konkurrenten Marktanteile sichern.

Wettbewerbsfähigkeit auf dem Arbeitsmarkt

In Zeiten hoher Konjunktur ist es oft schwer, die steigende Nachfrage zu befriedigen, weil es nicht genügend Arbeitskräfte gibt. Durch eine **leistungsgerechte Bezahlung, gute soziale Leistungen, Sicherheit des Arbeitsplatzes** und **berufliche Förderung** muß sich ein Unternehmen auf dem *Arbeitsmarkt* attraktiv machen, um gute Arbeitskräfte zu bekommen und zu halten.

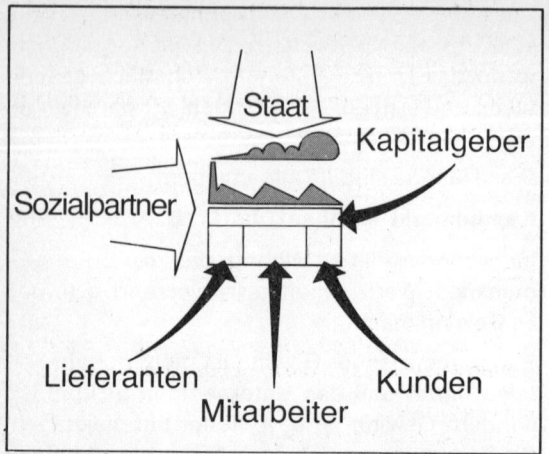

Wer ist an der Existenz des Unternehmens interessiert?

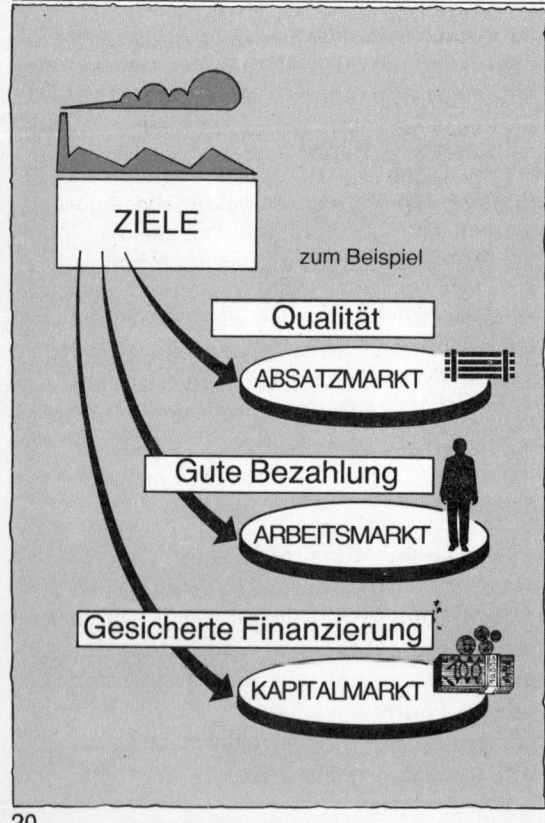

ZIELE

zum Beispiel

Qualität

ABSATZMARKT

Gute Bezahlung

ARBEITSMARKT

Gesicherte Finanzierung

KAPITALMARKT

Interessenten-gruppen

Die genannten Ziele stehen teilweise im Widerspruch zueinander (z. B. hohe Löhne ←→ niedrige Preise). Die Unternehmensleitung muß versuchen, *allen* Interessentengruppen gerecht zu werden. Es ist z. B. nicht zweckmäßig, allein den Gewinn im Auge zu haben und damit nur die Interessen der Kapitalgeber in den Vordergrund zu rücken.

Ziele der «Würfel»-Unternehmung

🎲 *Mr. Moneymaker,*
der zukünftige Unternehmer und Unternehmensleiter, hat sich die folgenden Ziele gesteckt.

Absatzmarkt:
- *hoher technischer Standard*
- *vernünftige Preise (keine «Billigware»)*
- *Konditionen: kurze Lieferzeiten*
  kurze Zahlungsziele

Arbeitsmarkt:
- *wegen der hohen technischen Qualität wird ein hoher Anteil qualifizierter Mitarbeiter in der Fertigung benötigt*
- *über dem Durchschnitt liegende Löhne/ Gehälter*
- *jedoch nur in begrenztem Umfang soziale Einrichtungen (zu kleiner Betrieb)*
- *keine eigene Altersversorgung*

Kapitalmarkt:
- *Aufbau einer guten Eigenkapitalausstattung*
- *durchschnittliche Eigenkapitalverzinsung*
- *geringer Anteil Fremdkapital (z. B. Kredite), dadurch mehr Unabhängigkeit.*

An diese Zielsetzungen wird zu denken sein, wenn in den einzelnen Phasen der Planung Entscheidungen zu treffen sind.

■ Das Wesentliche kurz gesagt:

Eine Planung kann erst vorgenommen werden, wenn die Zielsetzungen eines Unternehmens bekannt sind.

Langfristiges Ziel einer jeden Unternehmensleitung wird es sein, das Bestehen des Unternehmens zu sichern.

Das kann nur erreicht werden, wenn das Unternehmen wirtschaftlich gesund bleibt. Wirtschaftlich gesund bleibt es, wenn es sich auf den Märkten, auf denen es auftritt, durchsetzen kann.

Ziel ist es deshalb, die Wettbewerbsfähigkeit auf den Märkten zu erhalten und zu steigern.

Aus dieser Zielsetzung können konkrete Teilziele für die einzelnen Märkte abgeleitet werden.

An diese Zielsetzungen ist zu denken, wenn in den einzelnen Phasen der Planung Entscheidungen zu treffen sind.

1. Langfristiges Ziel eines jeden Unternehmens wird es sein, die Wettbewerbsfähigkeit zu erhalten oder zu steigern. Welche Maßnahmen sind dazu angetan, die Wettbewerbsfähigkeit auf den einzelnen Märkten zu garantieren?

angemessene Verzinsung des eingesetzten Kapitals ◯

gute Qualität der Produkte ◯

vernünftige Preisgestaltung ◯

lange Lieferzeiten ◯

leistungsgerechte Bezahlung ◯

soziale Leistungen ◯

2. Mr. Moneymaker möchte technisch hochwertige Produkte liefern.

Das Personal muß eher hoch ◯
weniger hoch ◯ qualifiziert sein.

Die Bezahlung wird eher hoch ◯
niedrig ◯ sein müssen.

Die Preise der Produkte werden daher eher höher ◯
niedriger ◯ sein.

1. Folgende Maßnahmen helfen die Wettbewerbsfähigkeit
   eines Unternehmens zu sichern:

   angemessene Verzinsung des eingesetzten Kapitals

   gute Qualität der Produkte

   vernünftige Preisgestaltung

   leistungsgerechte Bezahlung

   soziale Leistungen

2. Die Lieferung technisch hochwertiger Produkte setzt
   voraus:

   Das Personal muß eher hoch qualifiziert sein.

   Die Bezahlung wird eher hoch sein müssen.

   Die Preise der Produkte werden daher eher höher sein.

Planungsschritte

Das Problem der Planung besteht darin, daß sie auf einer Reihe von Annahmen aufgebaut werden muß.

Wie unsicher sind die Plandaten?

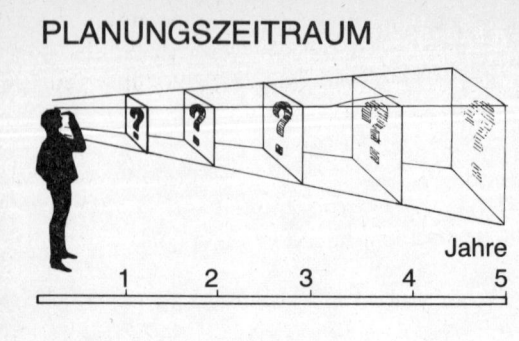

PLANUNGSZEITRAUM

Jahre
1   2   3   4   5

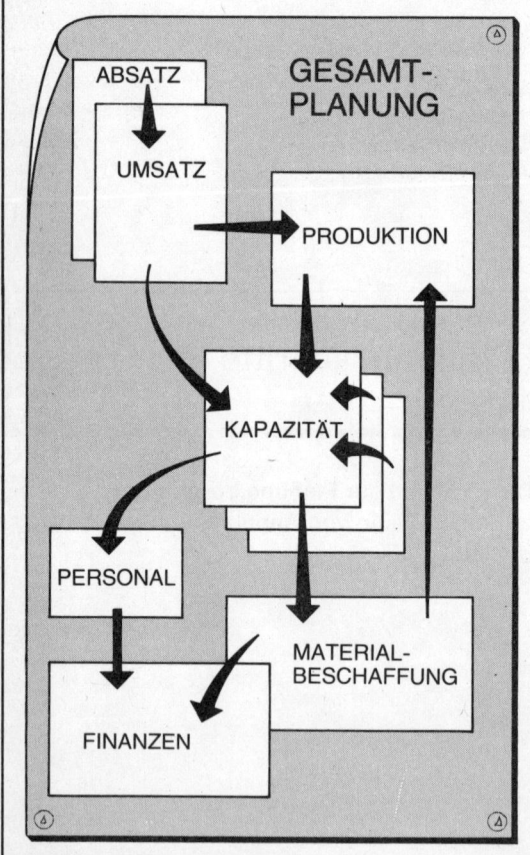

GESAMT-PLANUNG

ABSATZ

UMSATZ

PRODUKTION

KAPAZITÄT

PERSONAL

MATERIAL-BESCHAFFUNG

FINANZEN

Je weiter die geplanten Ereignisse und Handlungen vom Zeitpunkt der Planung entfernt sind, desto größer ist die Unsicherheit darüber, ob sie zutreffen. Fehler in der Annahme führen zu Fehlern in der Entscheidung.

laufende Anpassung

Bei der betrieblichen Planung muß deshalb bei Vorliegen neuerer Daten *laufend eine Anpassung der Pläne* vorgenommen werden.

Einzelpläne

Die Gesamtplanung eines Unternehmens baut sich aus einer Reihe von *Einzelplänen* auf, die untereinander in Abhängigkeit stehen und sich gegenseitig bedingen. Die einzelnen Pläne können wieder in eine Fülle von weiteren Plänen aufgegliedert werden, bis zu den einzelnen Handlungen hin (z. B. Bestellung eines Rohstoffes), wenn sicher sein soll, daß sich alles Handeln in eine Gesamtplanung einfügt.

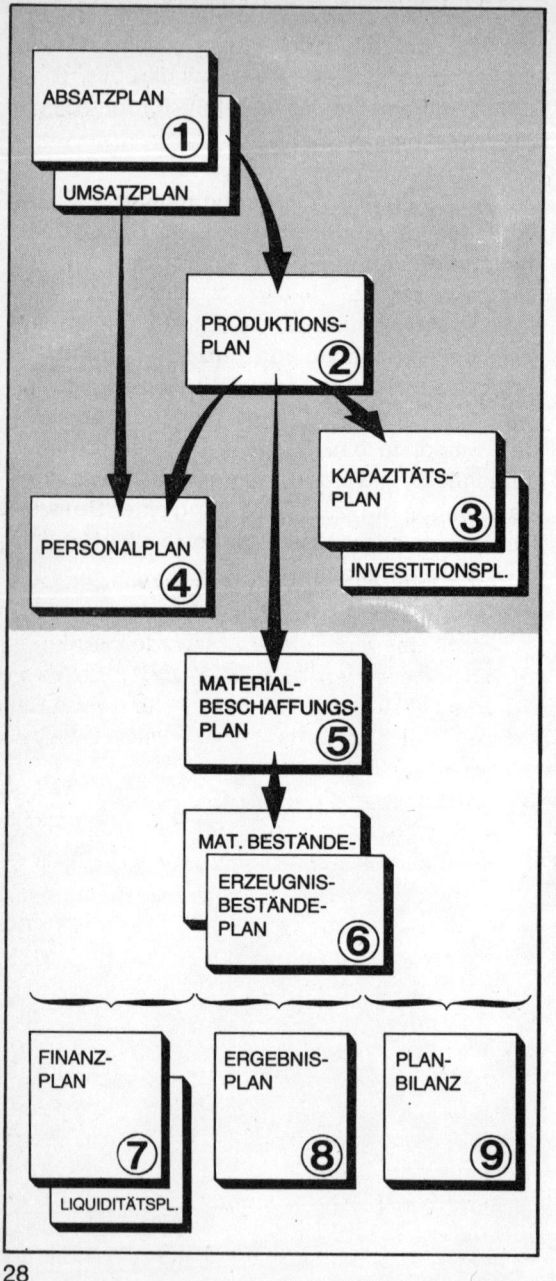

Wieviel wird
abgesetzt (Stck.)?

Wieviel ist das wert
(DM)?

Wieviel wird
produziert?

Wie viele
Arbeitsplätze und
Arbeitskräfte werden
benötigt?

Folge der Einzelpläne

🎲 *Mr. Moneymaker,
der bisher sein künftiges Produkt nur «im Kopf»
als ausgereifte Idee hat, wird – schrittweise vorge-
hend – die in der Abbildung gezeigten Teilpläne
aufstellen müssen.*

Absatzplan

① Im **Absatzplan** ist festzulegen (zweckmäßigerweise für mehrere Jahre), welche Mengen
abgesetzt werden können; eventuell wird
nach Abnehmern und Märkten untergliedert.

Umsatzplan

Aus dem Absatzplan kann der geplante Umsatz errechnet werden, indem die Absatzzahlen mit dem Stückpreis des Produkts multipliziert werden. Der **Umsatzplan** zeigt also
den Wert, der Absatzplan hingegen die Menge der Güter, die in einem bestimmten Zeitraum verkauft werden sollen.

Produktionsplan

② Aus der geplanten Absatzmenge ist abzulei-
ten, welche Mengen produziert werden müssen = **Produktionsplan**. Hierzu wird als Vor-
arbeit der technische Ablauf der Fertigung
bis in die letzten Einzelheiten (z. B. die Abfol-
ge der Tätigkeiten und die dafür benötigten
Zeiten und der Bedarf an Arbeitskräften) festgelegt werden müssen.

Kapazitätsplan

③ Außerdem muß der **Kapazitätsplan** aufgestellt werden, d. h. es muß überlegt werden,
welche baulichen und maschinellen Einrichtungen erforderlich sind.

Investitionsplan

Im daraus abgeleiteten **Investitionsplan** sind
die neu zu beschaffenden Maschinen und
Anlagen festgehalten.

Personalplan

④ Wenn der Gesamtumfang der Arbeit in Produktion, Verkauf und Verwaltung bekannt ist,
der im wesentlichen von den Absatzmengen
abhängt, kann im **Personalplan** festgelegt
werden, welche und wie viele Mitarbeiter im
gesamten Unternehmen zu beschäftigen
sind, welche Qualifikation sie haben müssen
und wie sie bezahlt werden sollen.

29

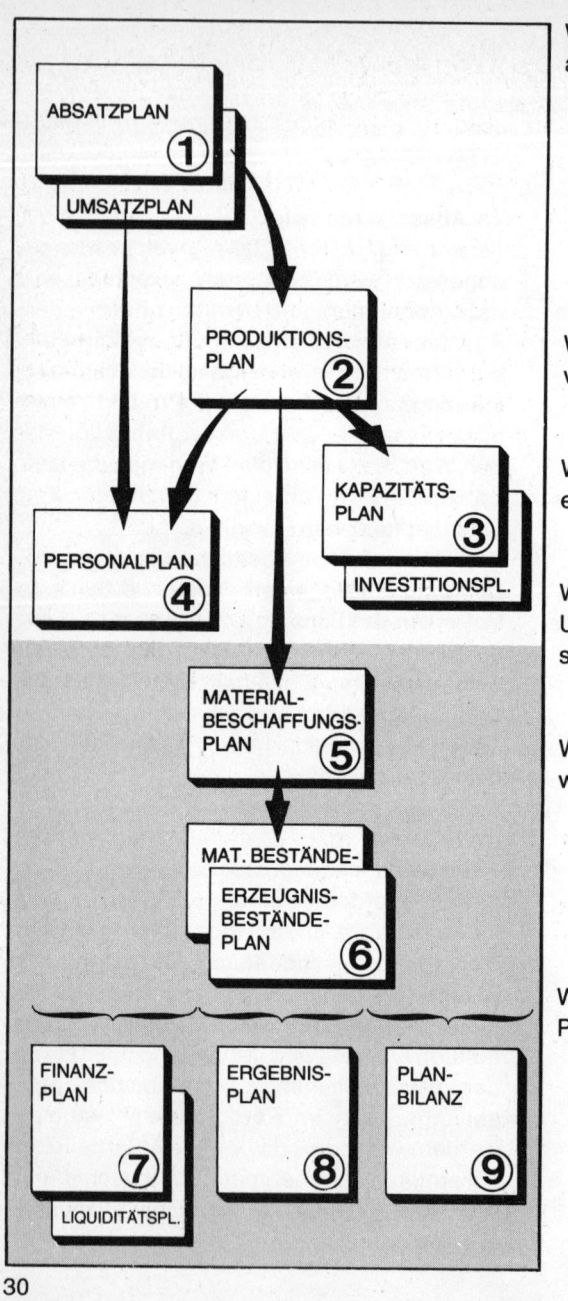

Wieviel Material muß angeschafft werden?

ABSATZPLAN ①

UMSATZPLAN

PRODUKTIONS-PLAN ②

Wie viele Bestände werden geplant?

KAPAZITÄTS-PLAN ③

Wieviel Kapital ist erforderlich?

INVESTITIONSPL.

PERSONALPLAN ④

Wird das Unternehmen liquide sein?

MATERIAL-BESCHAFFUNGS-PLAN ⑤

Welches Ergebnis wird erwirtschaftet?

MAT. BESTÄNDE-

ERZEUGNIS-BESTÄNDE-PLAN ⑥

Was zeigt die Planbilanz?

FINANZ-PLAN ⑦

ERGEBNIS-PLAN ⑧

PLAN-BILANZ ⑨

LIQUIDITÄTSPL.

Materialbeschaffungsplan	⑤ Aus der Produktionsmenge ergibt sich der Bedarf an Materialien für die Fertigung, und zwar nach Art und Qualität des Materials gegliedert. Materialbeschaffungs- und Materialbeständeplan hängen unmittelbar zusammen. Über den **Materialbeschaffungsplan** lassen sich die Materialbestände steuern. Wird mehr beschafft, als für die Fertigung gebraucht wird, steigen die Bestände; wird weniger beschafft, sinken sie.
Materialbeständeplan Erzeugnisbeständeplan	⑥ Im **Materialbeständeplan** wird die Höhe der Vorratshaltung an Material, im **Erzeugnisbeständeplan** die Vorratshaltung an Erzeugnissen festgelegt.
Finanzplan	⑦ Mit den bisherigen Plandaten liegen die wesentlichen Informationen vor, um im **Finanzplan** festzulegen, wieviel Kapital erforderlich ist und woher es beschafft werden soll.
Liquiditätsplan	Der **Liquiditätsplan** (liquide = flüssig) als Unterplan des Finanzplans soll sicherstellen, daß immer genügend flüssige Mittel für die Geschäftstätigkeit des Unternehmens zur Verfügung stehen.
Ergebnisplan	⑧ Im **Ergebnisplan** wird ermittelt, ob die geplanten Entscheidungen ein befriedigendes Ergebnis bringen. Ein befriedigendes Ergebnis liegt vor, wenn das Unternehmen genügend Gewinn erwirtschaftet, um das eingesetzte Eigenkapital angemessen zu verzinsen und um ein gesundes Wachstum des Unternehmens zu ermöglichen.
Planbilanz	⑨ Die **Planbilanz** zeigt eine Gegenüberstellung des Vermögens und der Schulden eines Unternehmens. Dabei werden die in den übrigen Plänen gemachten Annahmen zugrunde gelegt.

Die einzelnen Pläne sollen im folgenden daraufhin untersucht werden, welche wichtigen Entscheidungen ihnen zugrunde liegen.

■ Das Wesentliche kurz gesagt:

Die Gesamtplanung eines Unternehmens setzt sich aus einer Reihe von Einzelplänen zusammen, die aufeinander
abgestimmt sein müssen.

Aus dem Absatzplan, der die voraus-
sichtliche Absatzmenge festlegt, leitet
sich der Umsatzplan ab.

Hieraus ergibt sich die Menge, die im
Produktionsplan vorzusehen ist. Aus
der Produktionsmenge leiten sich die
Pläne für die Materialbeschaffung, die
Kapazitätsbereitstellung und für wesentliche Teile des Personalplanes ab.
Aus absatzpolitischen Überlegungen
ergibt sich der Erzeugnisbeständeplan.
Fast alle bisher genannten Plandaten
bestimmen den Bedarf an Mitteln, die
aufgebracht werden müssen. Im Finanzplan ist sowohl die Höhe des Kapitalbedarfs als auch die Aufbringung der
Mittel zu beschreiben.

Letztlich münden alle Pläne in den Ergebnisplan und in die Planbilanz.

1. Welche der folgenden Aussagen zur Planung ist richtig?

Die Gesamtplanung eines Unternehmens baut sich auf einer Reihe von Teilplänen auf ◯

Die Einzelpläne hängen voneinander ab und bedingen einander ◯

Planung ist ein einmaliger Vorgang bei der Gründung eines Unternehmens ◯

Jede Planung ist unsicher, denn sie muß auf einer Reihe von Annahmen aufgebaut werden ◯

Planungen müssen immer wieder überprüft und neueren Daten angepaßt werden ◯

2. Durch welche Pläne werden die folgenden Fragen beantwortet?

Wie viele Produkte werden voraussichtlich im ersten Jahr verkauft? ☐

Mit welchen technischen Verfahren sind die Produkte zu fertigen? ☐

Welche Rohstoffe und Hilfsstoffe sind in welcher Menge erforderlich? ☐

Wieviel Kapital ist erforderlich? ☐

Wie viele Arbeitskräfte werden gebraucht? ☐

Wie viele Schulden hat das Unternehmen? ☐

Wann müssen wie viele flüssige Mittel vorhanden sein? ☐

Ordnen Sie zu!

Absatzplan A	Personalplan D	Investitionsplan G	Liquiditätsplan K
Umsatzplan B	Mat.-Beschaff.-plan E	Mat.-Beständeplan H	Ergebnisplan L
Produktionsplan C	Kapazitätsplan F	Finanzplan I	Planbilanz M

3. Welche Daten benötigt Mr. Moneymaker, um seinen Umsatzplan aufstellen zu können?

Absatzzahlen ◯   Stückpreis ◯

Produktionsmengen ◯   Kapazitätsauslastung ◯

Bedarf an Kapital ◯   Bedarf an Materialien ◯

1. Folgende Aussagen zur Planung sind richtig:

Die Gesamtplanung eines Unternehmens baut sich auf einer Reihe von Teilplänen auf

Die Einzelpläne hängen voneinander ab und bedingen einander

Jede Planung ist unsicher, denn sie muß auf einer Reihe von Annahmen aufgebaut werden

Planungen müssen immer wieder überprüft und neueren Daten angepaßt werden

A

C

E

I

D

M

K

3. Zum Erstellen des Umsatzplanes benötigt man

Absatzzahlen   Stückpreis

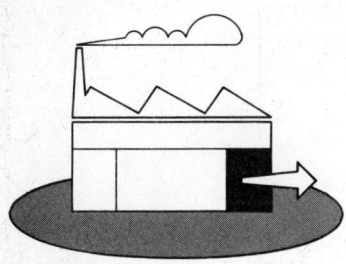

In diesem Kapitel
erfahren Sie etwas

– über die
verschiedenen
Formen der
Marktuntersuchung,

– über die
Methoden, die sich
im Rahmen der
Absatzpolitik
bieten, um ein
abzusetzendes
Produkt
besonders
attraktiv zu
machen,

– über die
besondere
Rolle der
Preisgestaltung
in diesem
Zusammenhang.

Planung im
Unternehmen

Entscheidungen im
Absatzbereich

Entscheidungen im
Produktionsbereich

Entscheidungen im
Beschaffungsbereich

Entscheidungen im
Finanzbereich

Rechnungslegung im
Unternehmen

Marktuntersuchung

Markterkundung

Marktforschung

Marktprognose

Absatzpolitische Instrumente

Produktgestaltung

Sortimentsgestaltung

Werbung

Gestaltung der Absatzbedingungen

Vertriebsorganisation

Preispolitik

Marktuntersuchung

Ein Unternehmen kann nur überleben, wenn es für seine angebotene Leistung Abnehmer findet. Abnehmer findet es nur, wenn
- ein Bedürfnis dafür besteht
- die angebotene Leistung dieses Bedürfnis befriedigen kann
- die nötige Kaufkraft vom Abnehmer dafür bereitgestellt wird.

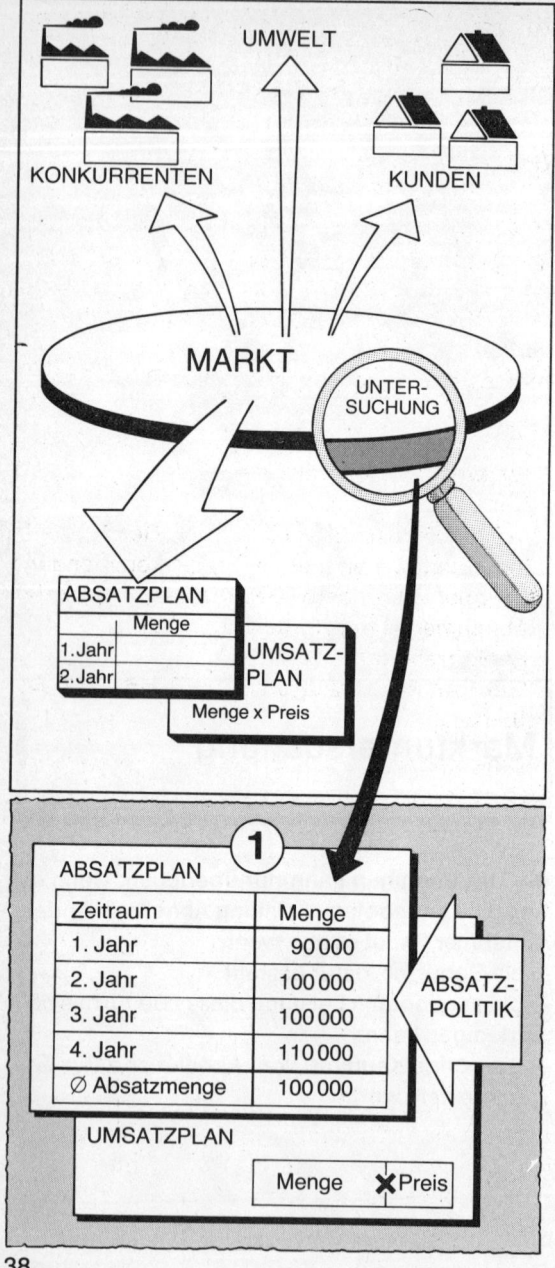

Wieviel nimmt der Markt insgesamt ab?

Was kann getan werden, damit geplante Absatzmengen auch erreicht werden?

KONKURRENTEN

UMWELT

KUNDEN

MARKT

UNTER-SUCHUNG

ABSATZPLAN

	Menge
1. Jahr	
2. Jahr	

UMSATZ-PLAN

Menge x Preis

①

ABSATZPLAN

Zeitraum	Menge
1. Jahr	90 000
2. Jahr	100 000
3. Jahr	100 000
4. Jahr	110 000
Ø Absatzmenge	100 000

ABSATZ-POLITIK

UMSATZPLAN

Menge ✗ Preis

Eine Marktuntersuchung hilft, die Fragen über die Abnahme eines Produktes zu klären.

Markterkundung

Die Untersuchung des Marktes kann unsystematisch als *Markterkundung* ablaufen, indem die Informationen mehr zufällig gesammelt werden (Gespräche, Beobachtungen usw.).

Marktforschung

Bei Einführung eines neuen Produktes wird man den Markt mit Hilfe der *Marktforschung* systematischer und genauer analysieren, wobei Vergangenheit und Gegenwart genau untersucht werden.

Interessieren werden insbesondere Daten über:
- Umwelt
  (z. B. Entwicklung der Einkommen, Konjunktur, staatliche Maßnahmen, Mode)
- Kunden bzw. Abnehmer
  (Art der Kunden, Sitz der Kunden, Gewohnheiten, Einkommen der in Frage kommenden Gruppe, besondere Bedürfnisse, mögliche Abnahmemengen, Sättigungsgrad)
- Konkurrenten
  (Zahl, Art der Konkurrenten, Marktanteil, Preise usw.).

Marktprognose

Für die Zahlen der Planung entscheidend sind die Erwartungen der Zukunft. Die möglichen Absatzmengen für die kommenden Geschäftsjahre – die sogenannten *Marktprognosen* – bilden die Basis für alle weiteren Planungen und Entscheidungen.

Bei der Planung der Absatzmengen für die Zukunft ist es notwendig, zu beachten, daß die Produkte eine Art *Lebenszyklus* haben. Nach Einführung des Produkts steigt die Menge auf dem Markt an (je nach Produkt unterschiedlich steil), erreicht einen Höhepunkt und sinkt dann wieder, bricht unter Umständen rapide ab, wenn ein Nachfolgeprodukt auf den Markt kommt
(siehe Abbildung «Lebenszyklus», nächste Seite).

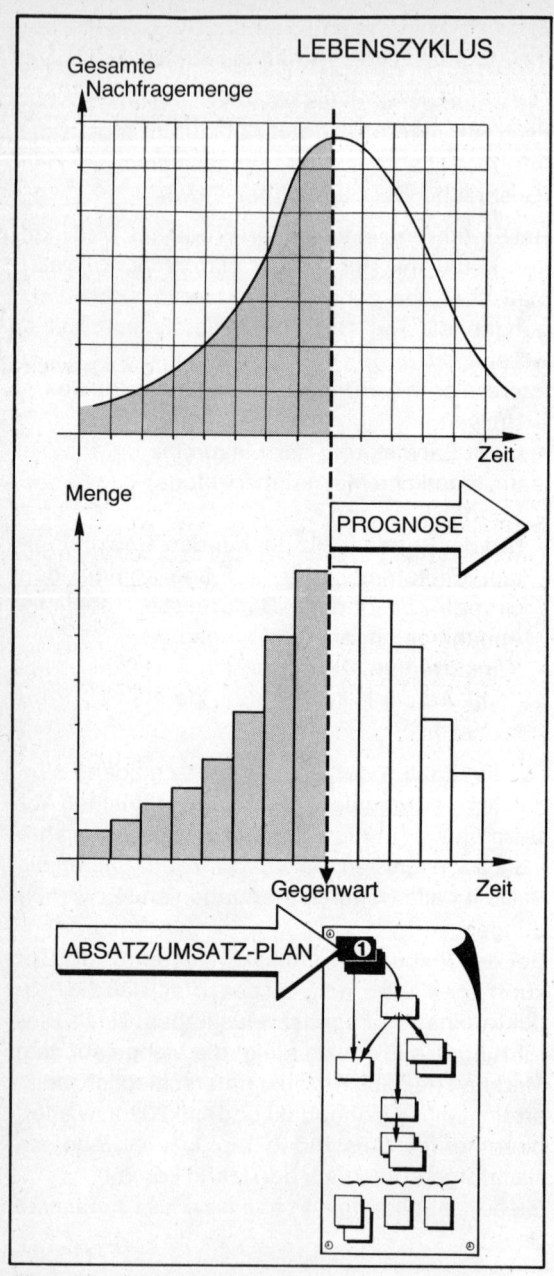

LEBENSZYKLUS

Gesamte Nachfragemenge

Zeit

Menge

PROGNOSE

Gegenwart

Zeit

ABSATZ/UMSATZ-PLAN ❶

Lebenszyklus eines Produkts

Bei den Neuentwicklungen der Gegenwart fällt auf, daß die Lebenszyklen von Produkten immer kürzer werden und oft nur wenige Jahre umfassen, weil der technische Fortschritt so schnell vor sich geht (z. B. die Entwicklung von Taschenrechnern). Bei der Prognose stützt man sich häufig auf die Werte der Vergangenheit und verlängert diese in die Zukunft weiter (Trendberechnung).

Eine andere Möglichkeit besteht darin, von der Entwicklung gegebener Daten auf die Entwicklung damit zusammenhängender Daten zu schließen.

Z. B.:
Stromverbrauch → Umsatz der Elektroindustrie
Geburtenentwicklung → Bedarf an Schultüten.

Ergebnis von Mr. Moneymakers Marktuntersuchung

 Mr. Moneymaker ist zu dem Ergebnis gekommen, daß sich der Bedarf für sein Produkt folgendermaßen entwickeln könnte:

	Gesamt-nach-frage	Markt-anteil	Nachfragemenge für das «Würfel-Unternehmen»
1. Jahr	90000	100%	90000
2. Jahr	100000	100%	100000
3. Jahr	125000	80%	100000
4. Jahr	160000	ca. 70%	110000

Mr. Moneymaker rechnet damit, daß vom 3. Jahr an Konkurrenten auftreten und er Marktanteile an diese verlieren wird.
Als ∅-Absatzmenge der ersten Jahre erwartet er 100000 Stück. Hierauf baut er seine Planung auf.

■ Das Wesentliche kurz gesagt:

Die Marktuntersuchung hilft zu klären, ob ein Unternehmen Abnehmer für seine Leistungen findet.

Die Untersuchung des Marktes kann unsystematisch als Markterkundung oder systematisch als Marktforschung betrieben werden.

In jedem Fall liefern Markterkundung und Marktforschung die notwendigen Daten für die Marktprognose, die Absatzerwartungen für die Zukunft festhält. Diese Zahlen sind entscheidend für die Absatzplanung.

Alle wesentlichen Planungen des Unternehmens hängen als Folgepläne von der Absatzplanung ab.

1. Welche Art der Marktuntersuchung
   ist in die Zukunft gerichtet?

                                   Markterkundung ◯

                                   Marktforschung ◯

                                   Marktprognose ◯

2. Auf Grund welcher Marktuntersuchungen
   können die Zahlen gewonnen werden,
   auf denen die Marktprognosen basieren?

          unsystematisch: ....

          systematisch: ....

1. Eine in die Zukunft gerichtete Marktuntersuchung nennt man

         ◯

         ◯

         Marktprognose

2. Möglichkeiten der Marktuntersuchung

         unsystematisch: **Markterkundung**

         systematisch: **Marktforschung**

Absatzpolitische Instrumente

Erfolge auf dem Absatzmarkt stellen sich nur ein, wenn der Verkauf durch gezielte Maßnahmen unterstützt wird. Diese gezielten Maßnahmen nennt man **absatzpolitische Instrumente**.

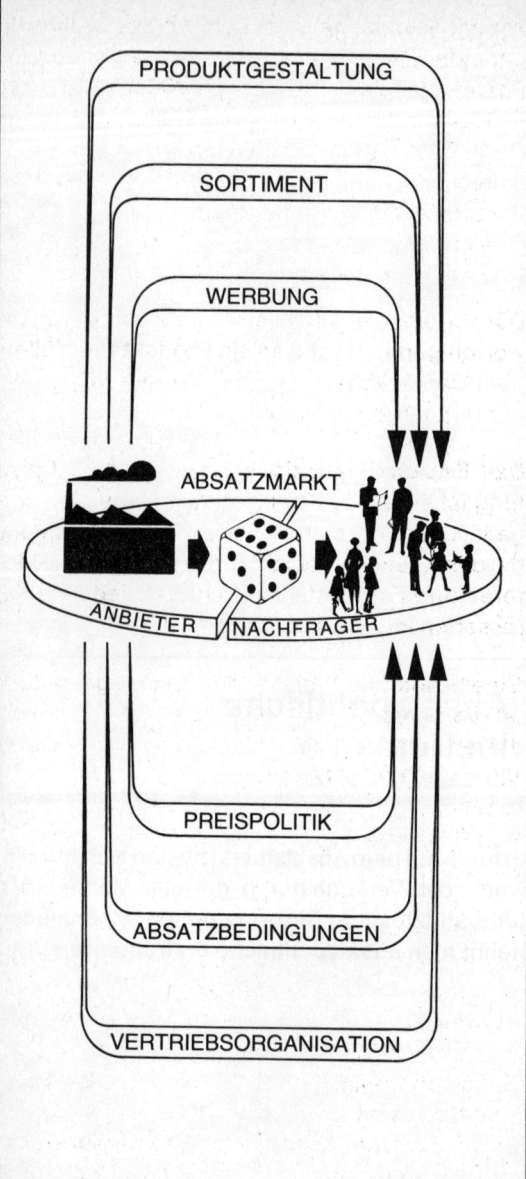

Wie muß das Produkt
gestaltet sein?

PRODUKTGESTALTUNG

SORTIMENT

WERBUNG

ABSATZMARKT

ANBIETER NACHFRAGER

PREISPOLITIK

ABSATZBEDINGUNGEN

VERTRIEBSORGANISATION

Sollten mehrere
Produkte im
Sortiment angeboten
werden?

Produktgestaltung

Schon bei der Entwicklung des Produktes kommt es darauf an, die Wünsche des zukünftigen Abnehmers möglichst genau zu treffen. Besonders muß beachtet werden, daß das Produkt
– die Erwartungen tatsächlich erfüllt
– nach Möglichkeit vielseitig verwendbar ist
– zuverlässig funktioniert
– leicht zu gebrauchen ist
– auch in der äußeren Form anspricht.

Das Problem für den Hersteller besteht darin, die vielseitigen Wünsche an ein Produkt zu erfüllen, aber dabei nicht zu unsinnig hohen Kosten bei der Herstellung zu kommen.

Baukastenprinzip

Das **Baukastenprinzip** bei der Produktgestaltung ist eine Möglichkeit, vielen Wünschen entgegenzukommen, ohne allzu große Nachteile bei den Kosten herbeizuführen (z. B. gleiche Motoren und Fahrgestelle für unterschiedliche Karosserien im Automobilbau).

Markenartikel

Eine besondere Variante der Produktgestaltung ist die Schaffung von **Markenartikeln**. Der Hersteller garantiert **hohe, gleichbleibende Qualität**; er **wirbt für das Produkt umfassender** und sorgt für eine **überregionale Verbreitung**. Der Kunde ist bereit, dafür einen etwas höheren Preis zu zahlen.

Sortiments-gestaltung

Manche Produkte lassen sich in einem aufeinander abgestimmten Sortiment wesentlich besser verkaufen. Der Kunde schätzt es, daß er ohne viel Aufwand zusammenpassende Artikel bekommt. Er spart Wege und Arbeitszeit, weil er weniger Gesprächspartner hat. Wartung und Ersatzbeschaffung sind für ihn einfacher.
Z. B.: Ein Unternehmen bietet Schreibmaschinen, Schreibmaschinenmöbel und Rechenmaschinen an.

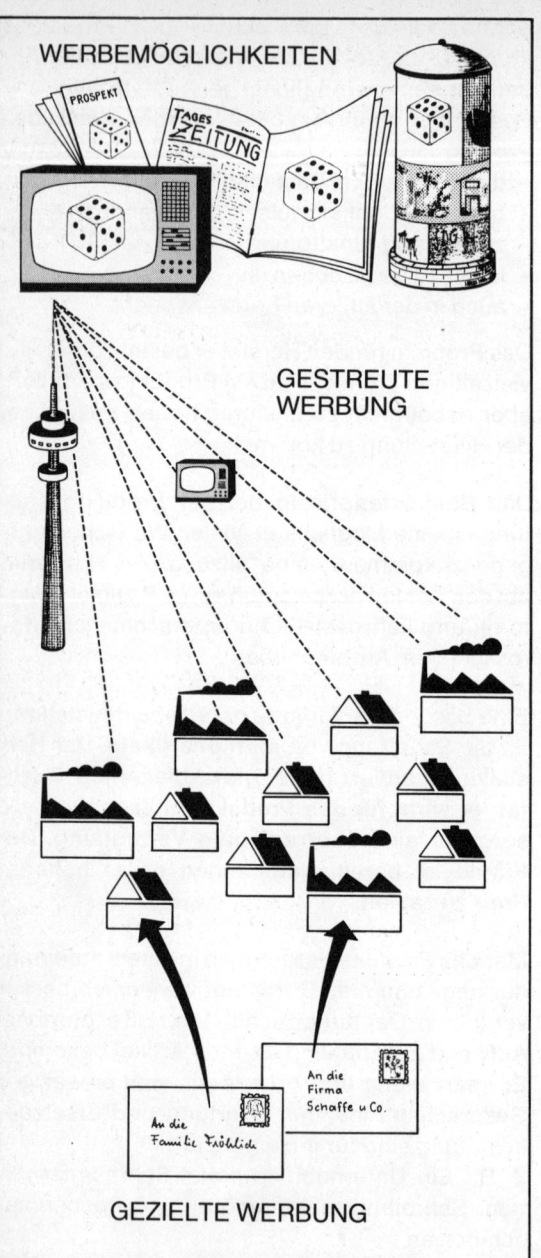

WERBEMÖGLICHKEITEN

PROSPEKT

TAGES ZEITUNG

GESTREUTE WERBUNG

An die Firma Schaffe u Co.

An die Familie Fröhlich

GEZIELTE WERBUNG

Werbung

Kein Kaufmann kann erwarten, daß er Käufer findet, wenn er «verheimlicht», daß er etwas zu verkaufen hat. Der Kunde muß deshalb informiert werden. Er muß wissen,
– daß es ein Produkt gibt, das ihm bei der Lösung seiner Probleme hilft
– wer ihm dieses Produkt liefern kann
– welche Verwendungsmöglichkeiten das Produkt bietet.

Es gibt viele Möglichkeiten, den künftigen Kunden zu informieren. Entscheidend ist die Überlegung,
– wen man ansprechen will (Adressat) und
– auf welchem Informationswege das am besten erreicht wird.

gezielte Werbung
gestreute Werbung

Die Werbung muß deshalb entweder bestimmte Gruppen **gezielt** ansprechen (z. B. alle Schulen) oder **gestreut** die Masse der Kunden zu erreichen suchen.

Werbung vollzieht sich in einer fast unübersehbaren Zahl von Vorgängen. Das Anbringen eines Firmenschildes, die Dekoration eines Schaufensters oder die Gestaltung der Briefformulare ist ebenso Werbung wie die Sendung eines Werbespots im Fernsehen oder die Anzeige in einer Zeitung.

Bei der Neueinführung von Produkten kommt es darauf an, den *richtigen Zeitpunkt* für die Werbemaßnahmen zu finden.
Die Werbung für eine neue Schallplatte bleibt ohne Wirkung, wenn nicht gleichzeitig alle Geschäfte die Platte in ihrem Sortiment haben.

VERKAUFSBEDINGUNGEN

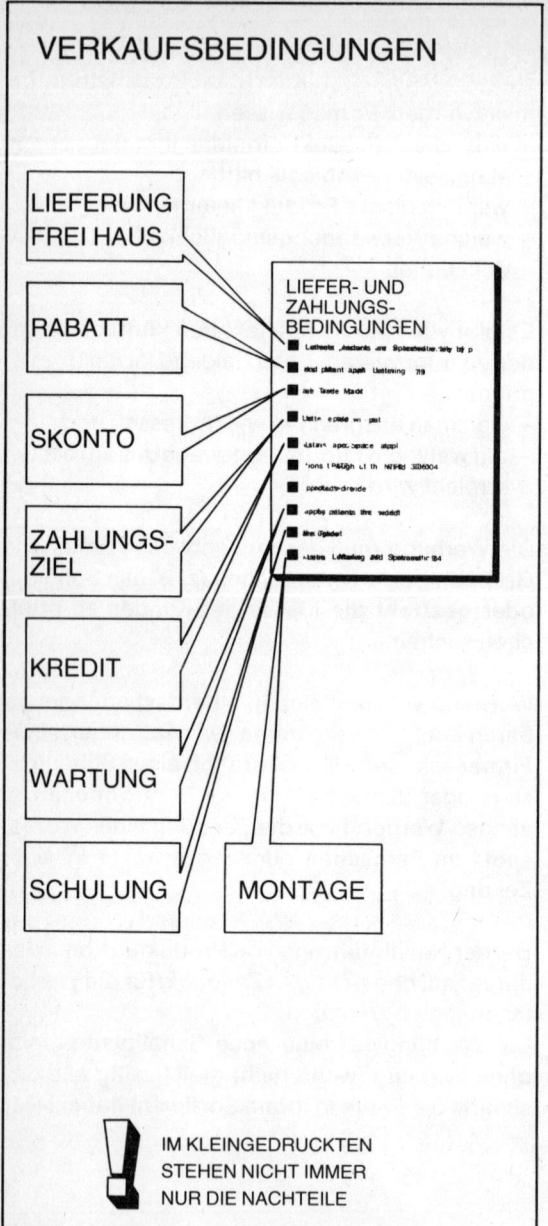

Welche
Bedingungen sind
anzubieten?

LIEFERUNG FREI HAUS

RABATT

SKONTO

ZAHLUNGS-ZIEL

KREDIT

WARTUNG

SCHULUNG

MONTAGE

LIEFER- UND
ZAHLUNGS-
BEDINGUNGEN

Ist ein besonderer
Service nötig?

Wie sollen die
Vertriebswege
organisiert sein?

IM KLEINGEDRUCKTEN
STEHEN NICHT IMMER
NUR DIE NACHTEILE

50

Gestaltung der Absatzbedingungen

Für den Käufer ist neben den genannten Punkten oft die Gestaltung der Absatzbedingungen ausschlaggebend.

Verkaufsbedingungen

Bei den *Verkaufsbedingungen* interessieren u.a.

– Lieferzeit
(ständige Lieferbereitschaft verlangt umfangreiche Lager an Fertigerzeugnissen)

– Lieferbedingungen
(z. B. frei Haus, frei Baustelle)

– Zahlungsbedingungen
(z. B. mit Zahlungsziel, Teilzahlung, Skontoabzug bei sofortiger Zahlung).

Service

Bei manchen Produkten ist es wichtig zu wissen, daß bei Störungen fachmännische Hilfe geleistet wird (bei komplizierten Anlagen kann das Personal des Herstellers besser geschult sein). Eine besondere Dienstleistung kann darin bestehen, daß die Planung z. T. vom Hersteller übernommen wird (z. B. bei technischen Anlagen) oder daß das Bedienungspersonal besonders geschult wird (z. B. bei Datenverarbeitungsanlagen).

Vertriebsorganisation

Von der Art der angebotenen Leistung hängt es ab, ob das Produkt nahe an den Abnehmer gebracht werden muß. Niemand wird wegen der Frühstückssemmeln einen weiten Weg in Kauf nehmen. Hier erwartet der Abnehmer u. U. Lieferung frei Haus. In anderen Fällen wird es nicht so sehr darauf ankommen, daß der Kunde gleich vor seiner Haustüre einkaufen kann. Um ein Fernsehgerät günstig zu kaufen, wird er auch einen längeren Weg zu einem Fachhändler auf sich nehmen. Ein Betrieb, der eine größere Maschine kauft, wird ebenfalls nicht erwarten, den Anbieter in der gleichen Stadt zu finden.

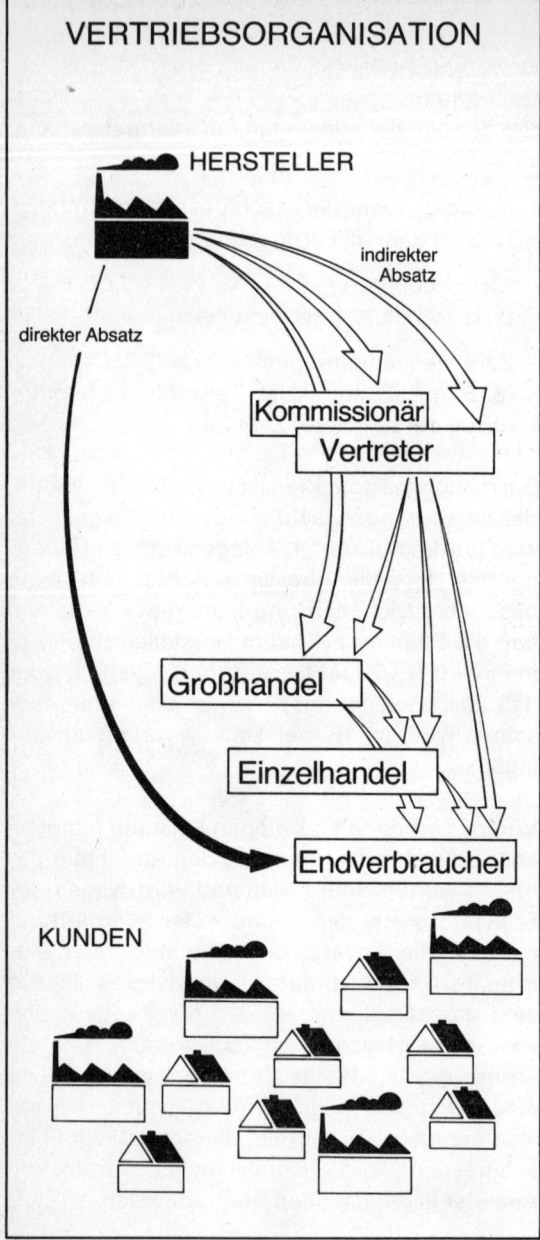

VERTRIEBSORGANISATION

HERSTELLER

indirekter Absatz

direkter Absatz

Kommissionär
Vertreter

Großhandel

Einzelhandel

Endverbraucher

KUNDEN

Wie sollen die Vertriebswege organisiert sein?

indirekter Absatz

direkter Absatz

Bei einem Produkt, das nahe an den Kunden gebracht werden muß, muß sich der Hersteller der vorhandenen Handelsunternehmen (Groß-, Einzelhandel) bedienen (= *indirekter Absatz*) oder – was sehr aufwendig ist – eigene Niederlassungen am Ort der Käufer errichten (= *direkter Absatz*).

Beim Kauf von größeren Mengen und bei speziellen Wünschen werden sich vor allem industrielle Abnehmer direkt an den Hersteller wenden.

Mr. Moneymakers
Absatzgestaltungen

 Mr. Moneymaker
hat aufgrund der Informationen und der hier geschilderten grundsätzlichen Überlegungen folgende Entscheidungen für die Absatzplanung getroffen.

Produktgestaltung:

Das Produkt wird in Probehaushalten auf Dauerhaftigkeit und Funktionstüchtigkeit getestet. Die Form wird von einem Designer überarbeitet. Es wird ein Markenzeichen eingetragen.

Sortimentsgestaltung:

Das Produkt wird zunächst allein angeboten, später sollen ergänzende Produkte dazu entwickelt werden.

Werbung:

Die Werbung soll in Fernsehen, Rundfunk und Zeitungen 14 Tage nach Produktionsbeginn anlaufen. An den Fachhandel gehen vorher Informationsschriften.

Absatzbedingungen/Service:

Ein besonderer Service ist nicht erforderlich.

Vertriebsorganisation:

Da alle Haushalte als Nachfrager angesprochen werden, wird der Verkauf über den Einzelhandel geplant.

53

■ Das Wesentliche kurz gesagt:

Zur Planung im Absatzbereich gehören neben einer genauen Kenntnis des Marktes auch genaue Vorstellungen über den Einsatz der absatzpolitischen Instrumente.

Möglichkeiten, die den Absatz beeinflussen, bieten sich in
    der Produktgestaltung,
    der Sortimentsgestaltung,
    der Werbung,
    der Gestaltung der Absatzbedingungen und
    der Vertriebsorganisation.

1. Welche absatzpolitischen Instrumente kommen bei folgenden
   Anforderungen zum Einsatz?

   Ein Produkt
   muß vielseitig verwendbar sein   ....
   Ein Produkt
   muß zuverlässig funktionieren   ....
   Einzelne Artikel
   müssen zusammenpassen   ....
   Ein Produkt
   muß leicht zu gebrauchen sein   ....
   Die äußere Form eines Pro-
   dukts muß ansprechend sein   ....
   Ein Kunde muß wissen, welche
   Möglichkeiten ein Produkt bietet   ....
   Ein Produkt
   sollte ständig lieferbereit sein   ....
   Serviceleistungen werden
   beim Verkauf mit angeboten   ....
   Ein Produkt wird in allen Lebens-
   mittelgroßhandlungen angeboten   ....

2. Um welche Variante der Produktgestaltung handelt es sich,
   wenn der Hersteller hohe, gleichbleibende Qualität garantiert,
   für das Produkt umfassend wirbt, für eine überregionale Verbreitung des Produktes sorgt und das Produkt mit einem besonderen Zeichen kennzeichnet?
                    Es handelt sich
        um die Schaffung von ....

3. Bei welchen der folgenden Vorgänge handelt es sich um
   Werbung?
                         Dekoration eines Schaufensters   ◯
   Werbespot im Fern-
                sehen   ◯   Gestaltung des Briefkopfes   ◯

   Anzeige in der Zeitung   ◯   Anbringen eines Firmen-   ◯
                                             schildes

1. Absatzpolitische Instrumente:

Produktgestaltung

Produktgestaltung

Sortimentsgestaltung

Produktgestaltung

Produktgestaltung

Werbung

Absatzbedingungen

Absatzbedingungen

Vertriebsorganisation

2. Bei der beschriebenen Variante der Produktgestaltung handelt es sich um die Schaffung von **Markenartikeln**.

3. Unter Werbung fallen:

Dekoration eines Schaufensters

Werbespot im Fernsehen   Gestaltung des Briefkopfes

Anzeige in der Zeitung   Anbringen eines Firmenschildes

Preispolitik

Das wichtigste absatzpolitische Instrument ist die **Preispolitik**.
Soweit keine staatlichen Vorschriften bestehen, ist ein Unternehmen in seiner Preisgestaltung frei, d. h. es kann seine Preisforderungen nach eigenem Ermessen festsetzen. Das bedeutet aber nicht, daß es jeden beliebigen Preis auf dem Absatzmarkt durchsetzen kann.

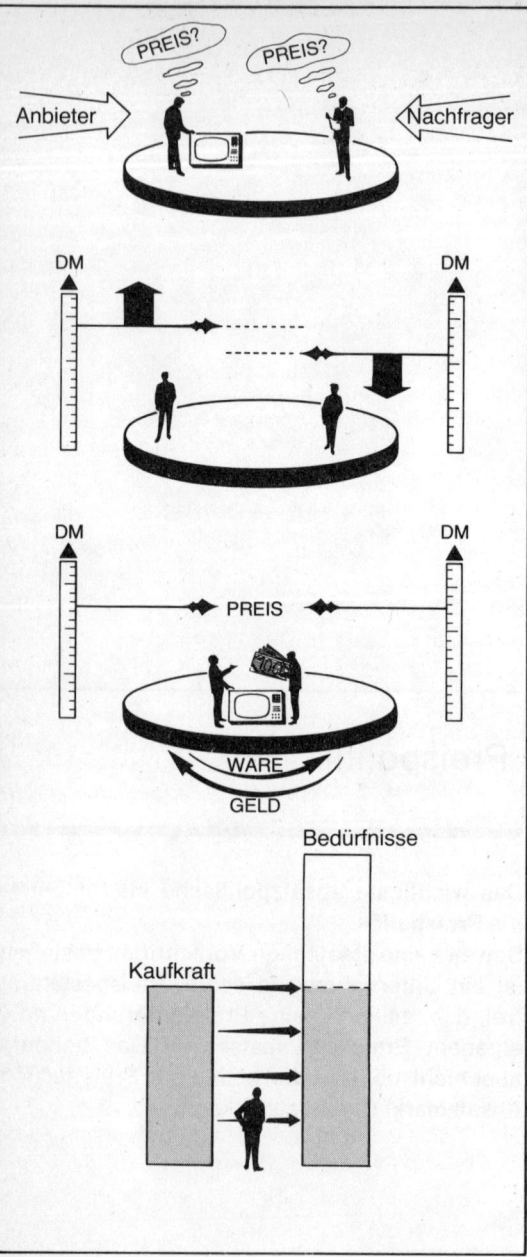

Wieviel kann als
Preis verlangt
werden?

Wovon leiten sich die
Preisvorstellungen
ab?

Preisvorstellungen

Auf dem Markt stehen sich zwei Partner gegenüber, jeder hat gewisse *Preisvorstellungen*, die er durchsetzen will; dabei sind die Vorstellungen natürlich eher gegensätzlich.

Anbieter

Der *Anbieter* hat die Vorstellung:
«Mindestens so viel DM, lieber mehr».

Nachfrager

Der *Nachfrager* verfolgt das Ziel:
«Höchstens so viel DM, lieber weniger».

Wenn die beiden Vorstellungen nicht zusammenpassen, d. h. sich nicht decken, wird kein Geschäft zustande kommen, es sei denn, die Partner beginnen zu verhandeln und jeder macht von seinen Forderungen Abstriche. Erst wenn die Marktpartner sich geeinigt haben, ist aus der Preisvorstellung bzw. Preisforderung ein

Preis

Preis geworden. Nur dann kann der Güteraustausch stattfinden.

Die Preisvorstellungen des Anbieters und die des Nachfragers leiten sich von folgenden Überlegungen ab:

a) Anbieter (angenommen, er ist Unternehmer):
Der Unternehmer wird versuchen müssen, einen Preis zu erreichen,
- der seine Kosten deckt und darüber hinaus
- den erforderlichen Gewinn einschließt.

b) Nachfrager (angenommen, er ist Konsument):
Der Konsument wird seine Preisvorstellungen davon abhängig machen,
- welchen Dringlichkeitsgrad er dem Bedürfnis beimißt, das er befriedigen will und
- wieviel Kaufkraft ihm zur Verfügung steht.

Die Mehrzahl der Konsumenten hat nur eine begrenzte Menge von Kaufkraft zur Verfügung. Deshalb müssen sie ihre Kaufkraft auf die Bedürfnisse verteilen, dabei wird ein Rest unbefriedigt bleiben müssen.

Diese Zuordnung wird jeder Mensch anders vornehmen. Ziel wird dabei sein, einen möglichst großen Nutzen mit der verfügbaren Kaufkraft zu erreichen.

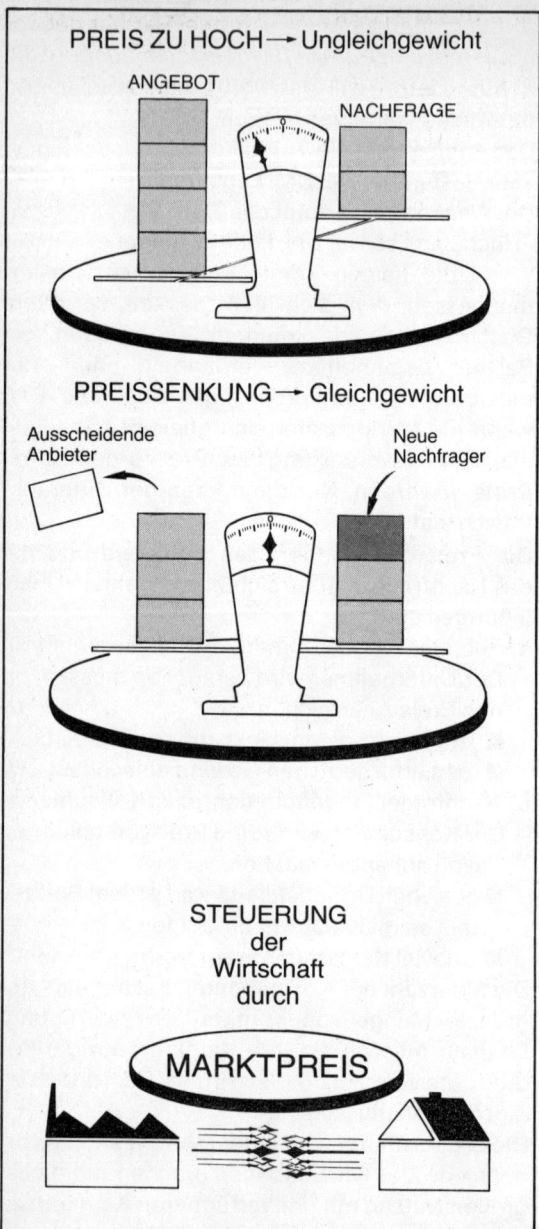

Die Anbieter auf dem Markt müssen bei der Absatzplanung sowohl die Entwicklung der Einkommen als auch die Veränderungen der Bedürfnisse sehr genau beobachten, wenn sie nicht am Markt vorbei produzieren wollen.

Neben diesen individuellen Faktoren, die sich aus den jeweiligen spezifischen Überlegungen der beiden Marktpartner ergeben, gibt es noch andere Bestimmungsgrößen für die Preispolitik.

Steuerung der Marktwirtschaft

Wenn auf einem Markt viele Anbieter und viele Nachfrager auftreten, kann es sich ergeben, daß der Markt in sein *Ungleichgewicht* gerät:

- Es kann sein, daß das Angebot größer als die Nachfrage ist.

  In diesem Fall werden die Anbieter die Preise senken müssen.

  Dadurch scheidet ein Teil der Anbieter aus, weil für sie das Geschäft nicht mehr interessant ist, andererseits kommt neue Nachfrage hinzu.

  Das geschieht so lange, bis Angebot und Nachfrage gleich groß sind. Dann stabilisiert sich der Preis. Der Markt ist im *Gleichgewicht.*

- Übersteigt die Nachfrage das Angebot, so werden sich die Nachfrager gegenseitig im Preis überbieten. Der Preis steigt, damit sinkt die Nachfrage usw.

Der Preis drückt also die Knappheit eines Gutes auf dem Markt aus.

Dieser geschilderte Mechanismus steuert – wenn er sich ungestört entfalten kann – den Markt. Er ist das Steuerungsinstrument der Marktwirtschaft.

Neben den geschilderten Marktgegebenheiten ist eine weitere Einflußgröße der Preispolitik zu beachten.

Die Art und Weise, wie ein Unternehmen auf den Preis durch eigene Maßnahmen einwirken kann, hängt von der Wettbewerbslage ab.

POLYPOL

MONOPOL

Preis
DM

JETZT

Preis
DM

SPÄTER

Polypol

Sind auf beiden Seiten des Marktes sehr viele Mitbewerber, spricht man von **Polypol** oder **vollständiger Konkurrenz**. Bei dieser Marktform *bildet sich der Preis* durch Angebot und Nachfrage. Der einzelne hat keinen Einfluß auf das Marktgeschehen, weil sein Gewicht zu gering ist. Die Marktteilnehmer können nur entscheiden, ob sie sich bei dem gegebenen Preis beteiligen wollen.

Anders ist es in dem extremen Fall, wenn der Anbieter ohne Konkurrenz ist. Hier spricht man

Monopol

von **Monopol**. In der Realität tritt diese Marktform verhältnismäßig selten auf.

Der Monopolist *setzt den Preis fest*, muß dann aber abwarten, welche Absatzmenge sich daraus ergibt. Zu hohe Preisforderungen können zu unwirtschaftlichen Stückzahlen führen.

Für einige wichtige Grundbedürfnisse behält sich der Staat oft ein Monopol vor (Strom, Gas, Wasser, Müllabfuhr, Telefon).

Mr. Moneymakers Preisvorstellungen

Mr. Moneymaker
rechnet damit, daß ein Bedürfnis für sein Produkt besteht. Er wird sich bei der Festsetzung des Preises an seinen Kosten orientieren müssen. Dabei muß er aber beachten, daß seine Kunden für Artikel dieser Art höchstens Preise akzeptieren, die zwischen 15,– und 25,– DM liegen. Damit hat er gewisse Rahmenvorstellungen, die er aus der Kenntnis des Marktes ableitet.
Er wird in den ersten Jahren sein Produkt allein anbieten, später wird er Konkurrenten bekommen. Der Einführungspreis kann anfangs etwas höher liegen, weil das Moment der Neuheit wirkt. Später, wenn das Marktvolumen größer geworden ist, wird er billiger produzieren, so daß es ihm beim Markteintritt der Konkurrenz nicht schwer fallen wird, den Mitbewerbern mit niedrigen Preisen zu begegnen.
Eine endgültige Preisvorstellung läßt sich erst nach Kenntnis der Stückkosten festsetzen. Dazu sind noch weitere Planungsschritte erforderlich.

■ Das Wesentliche kurz gesagt:

Jedes Unternehmen kann, soweit keine staatlichen Vorschriften dagegen stehen, seine Preisforderungen nach eigenem Ermessen festlegen.
Ob der Kunde den Preis annimmt, hängt davon ab,

- welche Dringlichkeit der Kunde seinem Bedürfnis beimißt,
- welche Kaufkraft zur Verfügung steht,
- welche Marktform gegeben ist und
- wie knapp das Gut ist.

Unter Berücksichtigung der Wettbewerbslage leitet der Anbieter seine Preisvorstellungen im wesentlichen aus den Kosten und dem erforderlichen Ergebnis ab.

1. Wie verhält sich nach dem marktwirtschaftlichen Modell die Nachfrage zum Preis?

    a) Wenn der Preis steigt, ... die Nachfrage.

    b) Wenn der Preis sinkt, ... die Nachfrage.

2. Von welchen Faktoren hängt es ab, ob der Kunde einen geforderten Preis annimmt?

    von der Kaufkraft, über die er verfügt   ◯

    von der Dringlichkeit seines Bedürfnisses   ◯

    von der Wettbewerbslage (Marktform)   ◯

3. Von welchen Überlegungen hängt es ab, wie hoch Mr. Moneymaker seine Preisvorstellung ansetzt?

    von den Stückkosten   ◯

    von der Wettbewerbslage   ◯

    von dem erforderlichen Gewinn   ◯

4. Bei welcher Marktform sind auf beiden Seiten des Marktes viele Mitbewerber?

....

5. Wie wirkt sich das Hinzukommen von weiteren Konkurrenten bei den Anbietern auf den Marktpreis aus?

    erhöhend   ◯   senkend   ◯

1.

    a) Wenn der Preis steigt, **sinkt** die Nachfrage.

    b) Wenn der Preis sinkt, **steigt** die Nachfrage.

2. Ob der Kunde einen geforderten Preis annimmt, hängt ab

                von der Kaufkraft, über die er verfügt

                von der Dringlichkeit seines Bedürfnisses

                von der Wettbewerbslage (Marktform)

3. Wie hoch der Unternehmer seine Preisvorstellung ansetzt,
hängt ab

                von den Stückkosten

                von der Wettbewerbslage (Marktform)

                von dem erforderlichen Gewinn

4. Beim **Polypol** sind auf beiden Seiten des Marktes viele Mitbewerber.

5. Das Hinzukommen weiterer Konkurrenten wirkt auf den
Marktpreis

                                senkend

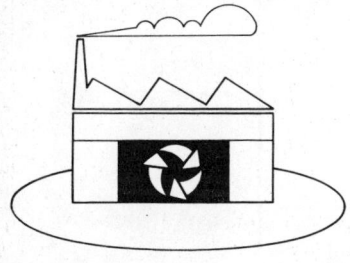

In diesem Kapitel
- lernen Sie die
  Stationen kennen,
  die bei der
  Planung des
  Fertigungsablaufes
  durchlaufen
  werden;

- außerdem lernen
  Sie, wie man den
  Bedarf an
  Maschinen und
  Arbeitskräften
  ermittelt.

Planung im
Unternehmen

Entscheidungen im
Absatzbereich

Entscheidungen im
Produktionsbereich

Entscheidungen im
Beschaffungsbereich

Entscheidungen im
Finanzbereich

Rechnungslegung im
Unternehmen

Fertigungsablauf

Konstruktionszeichnung

Stückliste

Arbeitsplan

Fertigungssysteme

Kapazitätsplan

Bedarf an Maschinen

Bedarf an Arbeitskräften

Fertigungsablauf

Bevor im Produktionsplan die Mengen festgelegt werden können, die in einem bestimmten Zeitraum gefertigt werden, muß der **Fertigungsablauf** geklärt sein.

Mit der Planung des Fertigungsablaufes kann begonnen werden, sobald die Entwicklung des Produktes abgeschlossen ist und eine genaue Beschreibung des Produktes vorliegt, die alle für die Anfertigung erforderlichen Informationen enthält.

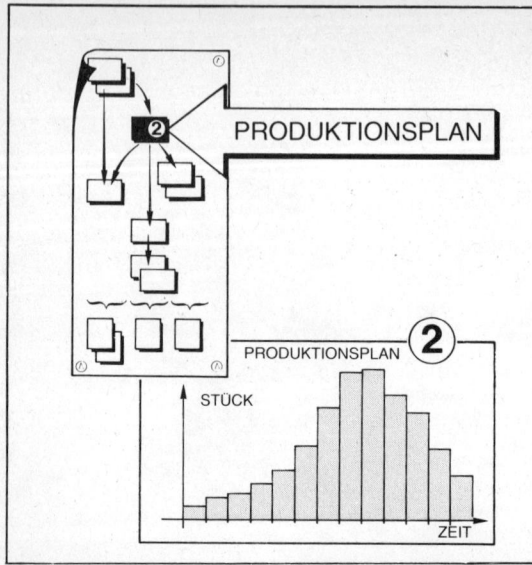

Wie soll gefertigt werden?

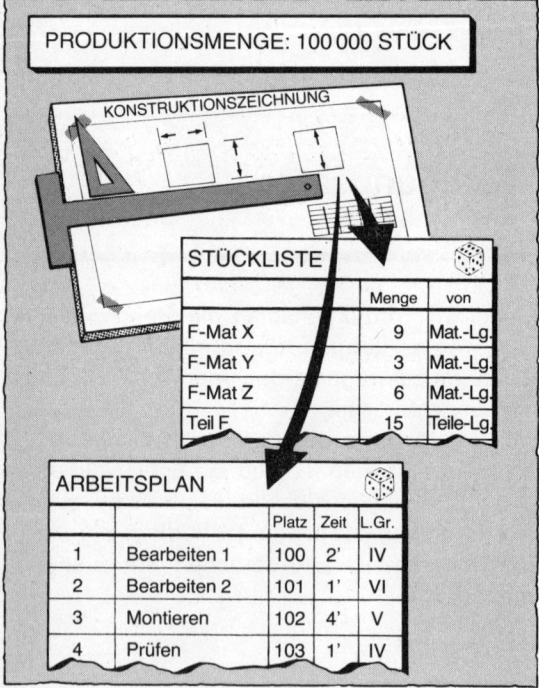

Wieviel Arbeitszeit muß für jedes Stück eingeplant werden?

Konstruktionszeichnung

Für die technische Beschreibung von Produkten wird die *Konstruktionszeichnung* verwendet. Der Konstrukteur zeichnet das Produkt in allen Einzelheiten, trägt die Maße ein und bezeichnet die Werkstoffe. So enthält eine einzige Zeichnung eine große Menge gut überschaubarer Informationen, die leicht abzulesen sind.

Aus der Konstruktionszeichnung können dann Stückliste und Arbeitsplan abgeleitet werden.

Stückliste

Die *Stückliste* zählt alle Materialien und Teile auf, die zur Herstellung erforderlich sind. Sie ist Voraussetzung für die Planung der erforderlichen Mengen.

Arbeitsplan

Im *Arbeitsplan* sind Art und Reihenfolge der Tätigkeiten, die nötig sind, um ein Produkt herzustellen, aufgeführt. Außerdem beinhaltet er die Lohngruppe des Bearbeiters, die erforderliche Arbeitszeit pro Stück und die Rüstzeit pro Auftrag.

Bei der Festlegung der Art und der Reihenfolge der Tätigkeiten arbeiten Konstrukteure und Fertigungsplaner zusammen. Sie entscheiden auch über die anzuwendenden technischen Verfahren. Um die erforderliche Arbeitszeit pro Stück festlegen zu können, werden sogenannte «Arbeitszeitstudien» gemacht, die die Arbeitsabläufe nach einem genau festgelegten System zergliedern. Für die einzelnen Bewegungsabläufe werden die Zeiten ermittelt.

Stückzeit

Die Arbeitszeit pro Stück nennt man **Stückzeit**.

Rüstzeit

Der Zeitbedarf, der bei jedem Auftrag für das Zurüsten und Wiederabrüsten des Arbeitsplatzes erforderlich ist, ist die **Rüstzeit**.

Produktionsablauf
in der Würfel-GmbH

Die Stückliste, die Mr. Moneymaker aus seiner Konstruktion abgeleitet hat, und den fertigen (vereinfachten) Arbeitsplan sehen Sie links abgebildet.
Als Produktionsmenge für das erste Jahr werden 100 000 Stück vorgesehen, 10 000 Stück davon als Erzeugnisbestand.

ARBEITSBEWERTUNG (Genfer Schema)

Wie ist die Arbeit zu bewerten?

Anforderungsart	Höchst-werte	Spezielle Bewertg.
I. Fachkönnen	12	1,5
II. Belastung	10	2,0
III. Verantwortung	10	0,5
IV. Umwelt	19	1,0
Arbeitswerte gesamt	–	5,0

Arbeitswerte	Lohngruppe
bis 3,0	I
bis 4,5	II
bis 6,0	III
bis 7,5	IV

Lohntafel (lt. Tarifvertrag)	
Lohngruppe	Std.-Lohn
I	7,50
II	8,—
III	8,50
IV	9,—
V	9,50
VI	10,—

Wie sollen Mitarbeiter bezahlt werden?

Arbeitsbewertung

Neben der Festlegung der erforderlichen Arbeitszeit pro Stück ist durch **Bewertung der Arbeit** die *Lohngruppe*, nach der die Arbeitskraft entlohnt werden soll, zu ermitteln. Es gibt dazu mehrere Verfahren. Hier soll nur die *analytische Arbeitsbewertung* (nach dem Genfer Schema) kurz umrissen werden.

Die Arbeitsaufgabe wird in 4 Anforderungsarten untergliedert:

– nach Fachkönnen (Ausbildung, Erfahrung, Gewandtheit usw.)
– Belastung (geistig/körperlich)
– Verantwortung (für Betriebsmittel, für Arbeit und Gesundheit anderer)
– Umwelt (Schmutz, Hitze, Lärm, Nässe usw.)

Für diese Anforderungsarten sind Höchstwerte vorgegeben, die eine Gewichtung bedeuten. Für jede Arbeitsaufgabe ist nun festzulegen, wie hoch die Anforderungen, gemessen an den Höchstwerten, sind. Die speziellen Werte je Anforderungsart werden addiert und ergeben die Summe der Arbeitswerte. In einer Tabelle sind die Arbeitswerte den Lohngruppen zugeordnet. In der Lohntafel der Tarifverträge werden die Stundenlöhne je Lohngruppe festgelegt. Damit kann eine bestimmte Arbeitsleistung über die Vorgabezeit in DM umgerechnet werden (siehe Abbildung «Arbeitsbewertung»).

Leistungslohn

Mit der Zeitaufnahme und Arbeitsbewertung sind die Lohnfindungsverfahren für **Leistungslohn** (Akkord) beschrieben worden. Leistungslohn wird für solche Arbeiten bezahlt, bei denen
– sich Arbeitsgänge wiederholen,
– die Arbeitsleistung durch den Menschen bestimmt wird und
– die Menge der Arbeitsleistung festgestellt werden kann.

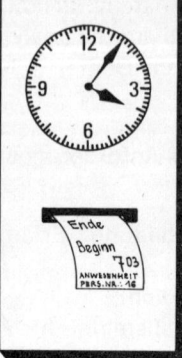

ANWESEND

PERS.-NR.		PERS.-NR.	
1		17	
2	▭	18	
3		19	▭
4		20	
5		21	
6		22	
7	▭	23	
8	▭	24	
9		25	
10		26	▭
11		27	
12	▭	28	
13	▭	29	
14		30	
15		31	▭
16		32	

Ende
Beginn 7.03
ANWESENHEIT
PERS.NR.: 16

Abrechnungszeitraum

Lohnwoche: **16**

Name:

Lieschen Müller

Bruttoeinkommen inkl. Prämie	240.-
% Lohnsteuer	40.-
% Kirchensteuer	2.-
% Sozialversicherung	16.-
% Arbeitslosenvers.	6.-
% sonst. Abzüge	4.-
Auszahlungsbetrag	172.-

+ Prämie   20.-

Zeitlohn

Wo diese Voraussetzungen nicht gegeben sind, muß **Zeitlohn** bezahlt werden. In diesem Fall wird die während der Arbeitszeit festgestellte Anwesenheitszeit bezahlt. Die Arbeitsbewertung kann in der beschriebenen Weise vorgenommen werden.

Prämienlohn

In besonderen Fällen kann ein materieller Anreiz gegeben werden, um Zeit-, Material- und andere Kosten zu sparen. Für die Erreichung eines dieser Ziele wird eine **Prämie** ausgesetzt und auf die beteiligten Mitarbeiter verteilt, wenn das Ziel erreicht wurde.

Arbeitsbewertung in der Würfel-GmbH

 Mr. Moneymaker ist aufgrund einer Arbeitsbewertung zum Ergebnis gekommen, daß in der Fertigung auf den Arbeitsplätzen

100 und 103 nach Lohngruppe IV,
auf Arbeitsplatz 102 nach Lohngruppe V
und
auf Arbeitsplatz 101 nach Lohngruppe VI
bezahlt werden muß
(vgl. Arbeitsplan auf Seite 70).
Die Zeitlöhner werden auf Grund der Arbeitsbewertung nach Lohngruppe IV entlohnt.

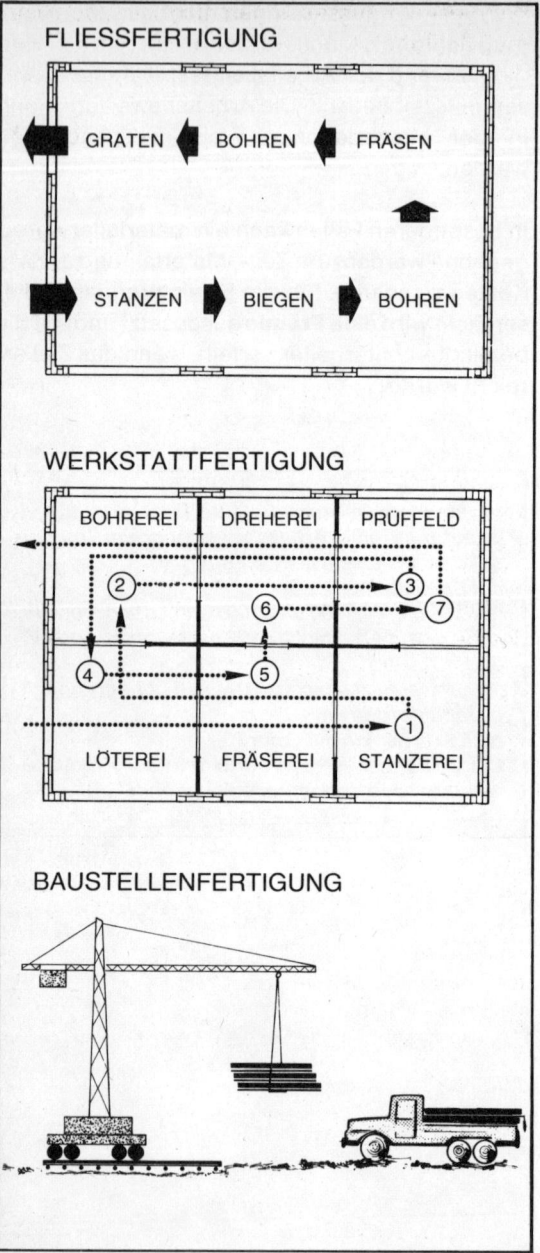

FLIESSFERTIGUNG

GRATEN ◀ BOHREN ◀ FRÄSEN

STANZEN ▶ BIEGEN ▶ BOHREN

WERKSTATTFERTIGUNG

BOHREREI | DREHEREI | PRÜFFELD

② ③ ⑦ ⑥ ④ ⑤ ①

LÖTEREI | FRÄSEREI | STANZEREI

BAUSTELLENFERTIGUNG

Wie sollen die
Arbeitsplätze
angeordnet werden?

Fertigungssysteme Noch bevor man Maschinen- und Arbeitskräfte-
kapazitäten planen kann, muß festgestellt wer-
den, welches *Fertigungssystem* angewendet
wird, d. h., wie die Arbeitsplätze räumlich angeordnet werden sollen.

Die Fertigungsmittel können nach der Reihenfolge der Arbeitsgänge angeordnet werden. Man

Fließfertigung nennt dieses System **Fließfertigung**. Diese An-
ordnung ist nur möglich, wenn über längere Zeit
der Arbeitsablauf gleich bleibt. Das wiederum
setzt voraus, daß über längere Zeit das gleiche
Produkt hergestellt wird. Es sind also *große
Mengen* (Großserien, Massenfertigung) notwendig. Die Durchlaufzeiten verkürzen sich, aber die
Umstellung auf andere Produkte wird erschwert
(siehe Abbildung «Fließfertigung»).

Wenn sehr viele verschiedene Produkte gleichzeitig hergestellt werden sollen, muß ein anderes
Prinzip für die Organisation in der Fertigung gefunden werden. Die Fertigungsmittel, die das
gleiche technische Verfahren haben, werden zu-
sammengefaßt in Werkstätten. Man spricht von

Werkstattfertigung **Werkstattfertigung**.
Der Vorteil liegt in der *hohen Elastizität* gegenüber Veränderungen im Produktionsprogramm,
in der Möglichkeit, viele Produkte mit unter-
schiedlichsten Fertigungsabläufen nebeneinan-
der zu fertigen. Die Nachteile sind längere
Durchlaufzeiten, die vor allem durch die erforderliche Zwischenlagerung bedingt sind (siehe
Abbildung «Werkstattfertigung»).

Baustellen-
fertigung Demgegenüber spielt die **Baustellenfertigung**,
bei der die Produktionsmittel zum Objekt (Haus,
Straße, Schiff) gebracht werden müssen, eine
geringere Rolle.

Fertigungssystem
der Würfel-GmbH

> *Da Mr. Moneymaker
> nur ein Produkt herstellen wird, entscheidet er
> sich für die Fließfertigung.*

■ Das Wesentliche kurz gesagt:

Eine wesentliche Grundlage für die Planung im Produktionsbereich ist die Konstruktionszeichnung.

Aus ihr werden die Stückliste, die Art der technischen Verfahren, der Fertigungsablauf und damit der Arbeitsplan abgeleitet.

Die Stückliste ist eine wichtige Unterlage zur Planung der erforderlichen Mengen an Material und Teilen.

Im Arbeitsplan werden alle Arbeitsgänge der Reihe nach aufgeführt, die für ein Stück erforderliche Arbeitszeit (=Stückzeit) und der Zeitbedarf für das Zu- und Abrüsten (=Rüstzeit) ausgewiesen. Außerdem wird die Lohngruppe festgehalten, nach der jede Tätigkeit bezahlt wird.

Für den Aufbau der Fertigungseinrichtungen muß entschieden werden, welches Fertigungssystem angewendet wird.

1. a) Welche Unterlage enthält
      eine genaue Beschreibung
      des zukünftigen Produkts?   ....

   b) Welche weiteren Informationen werden aus dieser Unterla-
      ge abgeleitet, und in welche Liste bzw. welchen Plan gehen
      sie ein?

   Informationen: Liste/Plan:

   erforderliche Materialien   ....

   Zeitbedarf pro Stück   ....

   nötige Arbeitsgänge   ....

   Zeitbedarf für Umrüsten   ....

   Lohngruppe je Arbeitsplatz   ....

2. Welcher Lohngruppe wird ein Arbeiter zugeordnet und welchen Stundenlohn erhält er, wenn die folgenden Daten zugrunde liegen?

   Lohngruppe: ....

   Stundenlohn: ....DM

Anforderungsart	Höchst-werte	Spezielle Bewtg.
I. Fachkönnen	12	7,5
II. Belastung	10	1,5
III. Verant-wortung	10	2,5
IV. Umwelt	19	0,5
Arbeitswerte ges.	–	12,0

Arbeitswerte	Lohngruppe
bis 7,5	IV
bis 9,5	V
bis 12,0	VI

Lohntafel	
Lohngruppe	Std.-Lohn
IV	9,—
V	9,50
VI	10,—

1. a)

Eine genaue Beschreibung des zukünftigen Produkts
enthält die **Konstruktionszeichnung**.

b)

Liste/Plan:

Stückliste

Arbeitsplan

Arbeitsplan

Arbeitsplan

Arbeitsplan

2. Die Arbeit ist nach Lohngruppe **VI** mit einem
Stundenlohn von **10,–** DM zu bezahlen.

Anforderungsart	Höchst-werte	Spezielle Bewtg.
I. Fachkönnen	12	7,5
II. Belastung	10	1,5
III. Verant-wortung	10	2,5
IV. Umwelt	19	0,5
Arbeitswerte ges.:	–	12,0

Arbeitswerte	Lohngruppe
bis 7,5	IV
bis 9,5	V
bis 12,0	VI

Lohntafel	
Lohngruppe	Std.-Lohn
IV	9,—
V	9,50
VI	10,—

3. Welches Fertigungssystem wird man wählen, wenn der Arbeitsablauf bei der Fertigung eines Produkts über längere Zeit hinweg gleichbleibt und große Mengen des Produkts gefertigt werden?

Baustellenfertigung   ◯

Werkstattfertigung   ◯

Fließfertigung   ◯

4. Welches Fertigungssystem muß ein Betrieb wählen, der 2000 verschiedene Produkte auf gleichen Anlagen herstellt (= großes Fertigungsspektrum).

Baustellenfertigung   ◯

Werkstattfertigung   ◯

Fließfertigung   ◯

3. In diesem Fall empfiehlt sich die

○

○

Fließfertigung

4. Dieser Betrieb bedient sich der

○

Werkstattfertigung

○

Kapazitätsplan

Wenn die Art der Arbeiten, deren Folge und deren Zeitbedarf bekannt sind, kann ermittelt werden, wieviel **Kapazität** zur Erfüllung des Produktionsplans bereitgestellt werden muß.
Als Kapazität bezeichnet man die Leistung, die ein Betrieb in einem bestimmten Zeitabschnitt erbringen kann (z. B. erreichbare Stückzahl eines Produkts).

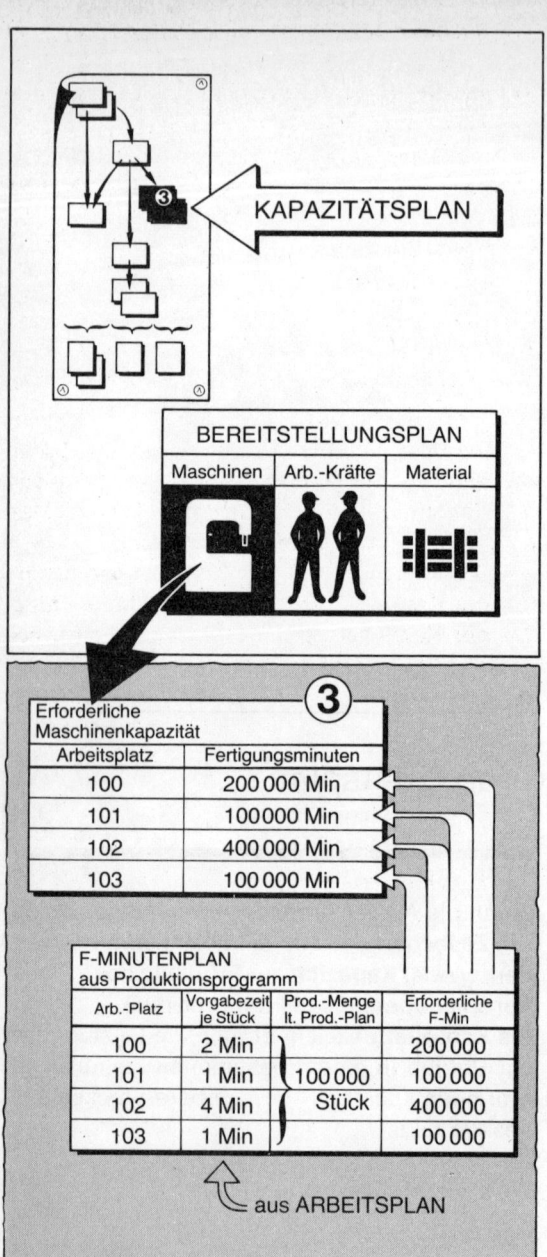

Wieviel muß an Maschinen und Arbeitskräften bereitgestellt werden?

KAPAZITÄTSPLAN

③

BEREITSTELLUNGSPLAN

Maschinen	Arb.-Kräfte	Material

③

Erforderliche Maschinenkapazität

Arbeitsplatz	Fertigungsminuten
100	200 000 Min
101	100 000 Min
102	400 000 Min
103	100 000 Min

F-MINUTENPLAN
aus Produktionsprogramm

Arb.-Platz	Vorgabezeit je Stück	Prod.-Menge lt. Prod.-Plan	Erforderliche F-Min
100	2 Min		200 000
101	1 Min	100 000	100 000
102	4 Min	Stück	400 000
103	1 Min		100 000

aus ARBEITSPLAN

Für die Berechnung der notwendigen Kapazität wird die geplante Fertigungsstückzahl eines Zeitabschnitts (z. B. eines Jahres) zugrunde gelegt.

Bei der Berechnung der Kapazität muß berücksichtigt werden, daß die **technisch mögliche Leistung** in der Praxis nicht erbracht werden kann, weil Zeitverluste entstehen durch

technisch mögliche Leistung

Wartung/Umrüsten
Instandhaltung
Ausfall von Arbeitskräften
Ausfallzeiten wegen Nachschubmangel, Betriebsferien usw.

In der Praxis wird man über eine längere Zeit in der Regel nicht mehr als 70–80 % der technisch möglichen Leistung erreichen können. Man nennt dies **wirtschaftliche Kapazität**.

wirtschaftliche Kapazität

Die Gesamtkapazität eines Betriebes ergibt sich aus der **Kapazität der einzelnen Arbeitsplätze**. Bei der Kapazität pro Arbeitsplatz sind zu berücksichtigen: Zahl der Arbeitstage, tägliche Arbeitszeit, Zahl der Schichten, durchschnittlicher Leistungsgrad (verschiedene Personen leisten unterschiedlich viel) und Faktor für Ausfallzeiten (Stillstand, Krankheit, Urlaub).

Kapazität der Arbeitsplätze

Die Kapazität wird in *Mengeneinheiten* ausgedrückt, z. B. Stück, Gewicht, Länge usw.

Wenn sehr verschiedene Produkte hergestellt werden, empfiehlt es sich, zur Ermittlung der benötigten Kapazität einen «gemeinsamen Nenner» zu nehmen, das können z. B. die Fertigungsminuten sein. Aus den Fertigungsminuten (F-Min), die für eine Produkteinheit nötig sind, und aus den geplanten Produktionsmengen läßt sich die erforderliche Kapazität in Fertigungsminuten je Arbeitsplatz errechnen.

Erforderliche Kapazität in F-Min
= F-Min je Arbeitsplatz × Produktionsmenge

BEDARF AN MASCHINEN (KAPAZITÄTSPLAN)

Arb.-Platz	Bedarf an F-Min*	Leistung je Maschine** F-Min	Zahl der erford. Masch.	INVESTITIONS-PLAN (DM)	
				Einz.-Pr.	Ges.-Preis
100	200 000	35 000	6	15 000,–	90 000,–
101	100 000	100 000	1	100 000,–	100 000,–
102	400 000	70 000	6	30 000,–	180 000,–
103	100 000	50 000	2	65 000,–	130 000,–

* lt. Prod.-Menge pro Jahr
** abzüglich Stillstandszeit

INSGESAMT 15 MASCHINEN	GESAMT-WERT 500 000,–

BEREITSTELLUNGSPLAN

Maschinen	Arb.-Kräfte	Material

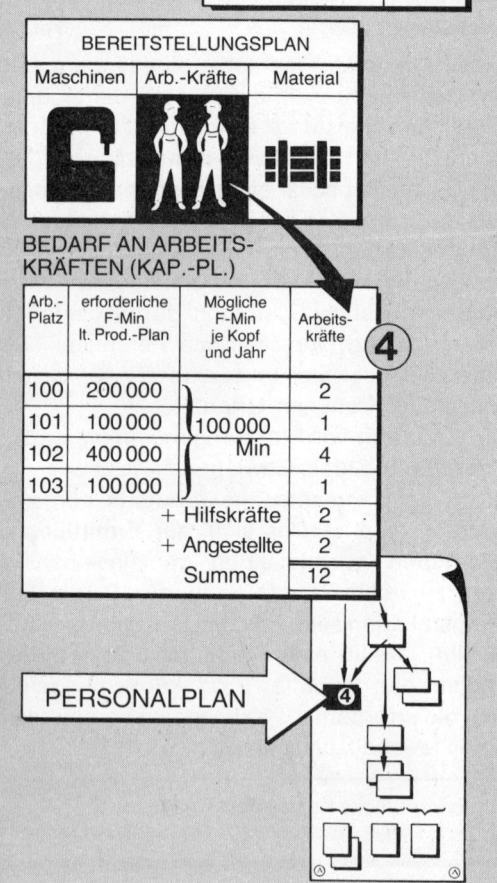

BEDARF AN ARBEITS-KRÄFTEN (KAP.-PL.)

Arb.-Platz	erforderliche F-Min lt. Prod.-Plan	Mögliche F-Min je Kopf und Jahr	Arbeits-kräfte ④
100	200 000		2
101	100 000	100 000 Min	1
102	400 000		4
103	100 000		1
	+ Hilfskräfte		2
	+ Angestellte		2
	Summe		12

PERSONALPLAN ④

Wie viele Maschinen werden bereitgestellt?

Wie viele Arbeitskräfte werden benötigt?

Bedarf an Maschinen

Aus den geplanten Fertigungsminuten bzw. Mengeneinheiten pro Jahr und aus der Leistung einer Maschine läßt sich die Zahl der *benötigten Maschinen* ermitteln.

Zahl der erforderlichen Maschinen =

$$\frac{\text{Summe F-Min bzw. Mengeneinheiten pro Jahr}}{\text{Leistung je Maschine pro Jahr (F-Min bzw. ME)}}$$
(abzüglich der Stillstandszeiten)

(siehe Abbildung «Bedarf an Maschinen»).

Zieht man die Zahl der vorhandenen Maschinen von den erforderlichen Maschinen ab, so ergibt sich der Bedarf an Neuanschaffungen. Ermittelt man die Kosten der anzuschaffenden Maschinen und sonstigen Sachanlagen, so ergeben sich die Zahlen für den **Investitionsplan**.

Investitionsplan

Bedarf an Arbeitskräften

In gleicher Weise läßt sich feststellen, wie viele *Arbeitskräfte* erforderlich sind, wenn die durch das Produktionsprogramm notwendigen Fertigungsminuten bekannt sind.

Zahl der Arbeitskräfte für die Fertigung =

$$\frac{\text{Summe F-Min pro Jahr}}{\text{mögliche F-Min je Arbeitskraft pro Jahr}}$$
(abzüglich Ausfallzeiten)

(siehe Abbildung «Bedarf an Arbeitskräften»).

Da den Arbeitsplätzen laut Arbeitsplan Lohngruppen zugeordnet sind, läßt sich auch bestimmen, welche Qualifikationen (z. B. Facharbeiterausbildung) die Arbeitskräfte haben müssen.

Neben den Arbeitskräften, die für die Produktion direkt eingesetzt werden, sind noch Hilfskräfte, Verwaltungspersonal usw. einzuplanen.

Personalplan

Alle zusammen werden im **Personalplan** erfaßt.

■ Das Wesentliche kurz gesagt:

Wenn die Stücklisten und die Arbeits-
pläne vorliegen und das Fertigungsver-
fahren festgelegt ist, kann ermittelt werden, wieviel Kapazität insgesamt bereitgestellt werden muß, um ein bestimmtes
Produktionsvolumen zu bewältigen.
Die Kapazität kann in Fertigungsminuten (F-Min) oder in anderen Mengeneinheiten ausgedrückt werden.

Aus der geplanten Leistung pro Jahr
und der Leistung, die eine Maschine er-
bringt, kann man die Zahl der benötigten Maschinen ermitteln.

Ebenso kann man aus der Summe der
Fertigungsminuten pro Jahr und der
möglichen Leistung je Arbeitskraft die
Zahl der benötigten Arbeitskräfte in der
Fertigung feststellen.
Den Bedarf an übrigen Arbeitskräften
muß man aus der Schätzung des jeweiligen Arbeitsumfangs individuell ermitteln.

1. Welche Informationen müssen vorliegen, um die bereitzustellende Maschinenkapazität einer Stanzmaschine ermitteln zu können?

Art der Arbeit $\bigcirc$

Reihenfolge der Arbeitsgänge $\bigcirc$

Zeitbedarf pro Arbeitsgang $\bigcirc$

geplante Fertigungsstückzahl $\bigcirc$

Zeitbedarf für Wartung, Instandhaltung $\bigcirc$

Sonstige Ausfallzeiten $\bigcirc$

2. In welcher Maßeinheit wird die Kapazität eines Arbeitsplatzes üblicherweise ausgedrückt, wenn verschiedene Produkte gefertigt werden? ....

3. Mr. Moneymaker will die wirtschaftliche Kapazität eines Arbeitsplatzes in Fertigungsminuten berechnen. Er geht davon aus, daß an 250 Tagen je 480 Minuten pro Schicht gearbeitet wird, wobei 2 Schichten pro Tag geplant sind.
Der Ø-Leistungsgrad beträgt 1,2, der Faktor für Ausfallzeiten 0,9. Helfen Sie Mr. Moneymaker bei der Berechnung!

.... Arbeitstage

× .... tägliche Arbeitszeit

  × .... Zahl der Schichten

    × .... Ø-Leistungsgrad

      × .... Ø-Ausfallfaktor

        = ... Anzahl Fertigungsminuten
je Arbeitsplatz

1. Man benötigt folgende Informationen:

Zeitbedarf pro Arbeitsgang

geplante Fertigungsstückzahl

Zeitbedarf für Wartung, Instandhaltung

Sonstige Ausfallzeiten

2. Die Kapazität des Arbeitsplatzes läßt sich ausdrücken in **Fertigungsminuten**.

3. Die wirtschaftliche Kapazität des Arbeitsplatzes errechnet sich folgendermaßen:

	250	Arbeitstage
×	480	Min. tägliche Arbeitszeit
×	2	Zahl der Schichten
×	1,2	∅-Leistungsgrad
×	0,9	∅-Ausfallfaktor
=	259 200	Fertigungsminuten je Arbeitsplatz

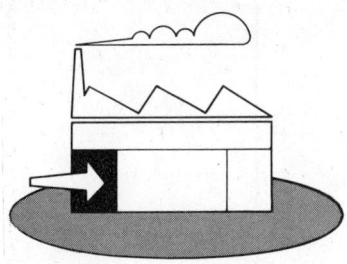

In diesem Kapitel
lernen Sie,

- wie das Material
  zu disponieren ist,
- welche Mengen
  zu welchem
  Zeitpunkt zu
  bestellen sind und
- was bei der
  Lieferantenauswahl
  zu beachten ist.

Außerdem erfahren
Sie,

- was bei der
  Disposition von
  Material- und
  Erzeugnisbeständen
  zu beachten ist.

Planung im
Unternehmen

Entscheidungen im
Absatzbereich

Entscheidungen im
Produktionsbereich

Entscheidungen im
Beschaffungsbereich

Entscheidungen im
Finanzbereich

Rechnungslegung im
Unternehmen

Materialbeschaffung

Art des Materials

Materialdisposition

Bestellmenge

Bestellzeitpunkt

Lieferantenauswahl

Bestände

Materialbestände

Erzeugnisbestände

Materialbeschaffung

Eng mit dem Fertigungsablauf verbunden sind
die Planung des Materialbedarfs für die Fertigung und die rechtzeitige Bereitstellung der benötigten Materialien und Teile.

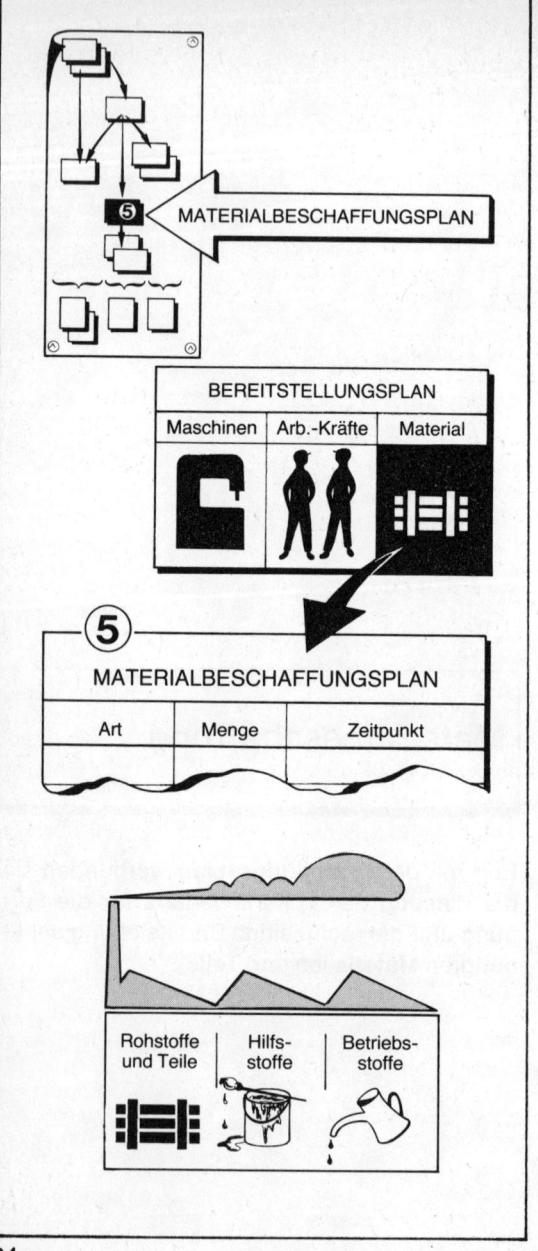

Art des Materials

Für den Einsatz in der Fertigung werden verschiedene Gruppen von Material gebraucht.

– Rohstoffe

Rohstoffe sind Materialien, die in das Produkt eingehen und – auf das einzelne Produkt bezogen – wertmäßig bedeutsam sind, so daß sie bei der Ermittlung der Stückkosten auch dem Produkt direkt zugerechnet werden (z. B.: Stahlblech, Kupferdraht).

– Bezogene Teile

Bezogene Teile sind schon auf eine bestimmte Verwendung hin vorbestimmte Zwischenprodukte (z. B. Schrauben, Beilagscheiben).

– Hilfsstoffe

Sie gehen als Material in das Produkt ein, spielen wertmäßig aber eine geringere Rolle. Sie werden deshalb dem Produkt nicht direkt zugeordnet (z. B. Leim bei der Herstellung von Möbeln).

– Betriebsstoffe

Im Fertigungsprozeß werden auch Materialien verbraucht, die nicht im Produkt wiederzufinden sind. Sie können deshalb auch nur auf Umwegen auf die einzelne Produkteinheit verrechnet werden (z. B. Schmieröl und Brennstoffe für Maschinen).

Mr. Moneymakers Materialbedarf

> 🎲 *Mr. Moneymaker*
> *muß für die Fertigung (laut Stückliste)*
> F-Mat X,
> F-Mat Y, } *Rohstoffe*
> F-Mat Z
> *und das Teil F (=bezogenes Teil) beschaffen (Mengen siehe Stückliste nächste Seite). Darüber hinaus die Betriebsstoffe B_1 und B_2.*

Wieviel Material wird benötigt?

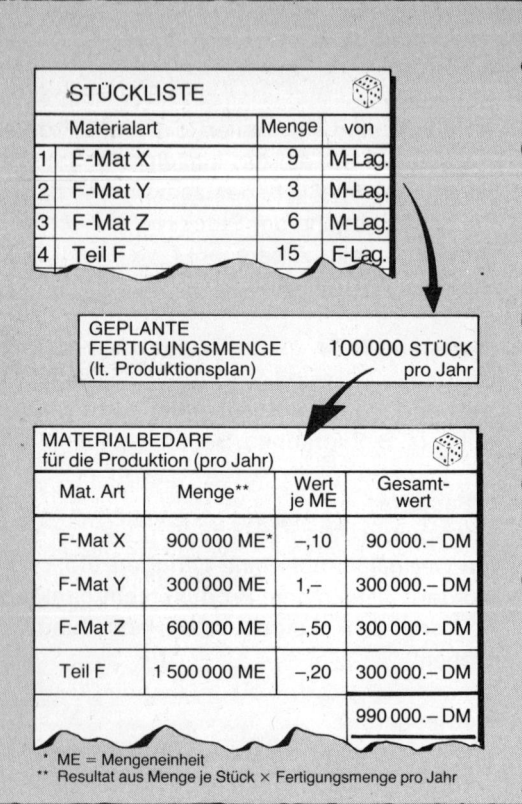

STÜCKLISTE

	Materialart	Menge	von
1	F-Mat X	9	M-Lag.
2	F-Mat Y	3	M-Lag.
3	F-Mat Z	6	M-Lag.
4	Teil F	15	F-Lag.

GEPLANTE FERTIGUNGSMENGE (lt. Produktionsplan) **100 000 STÜCK pro Jahr**

MATERIALBEDARF für die Produktion (pro Jahr)

Mat. Art	Menge**	Wert je ME	Gesamt- wert
F-Mat X	900 000 ME*	–,10	90 000.– DM
F-Mat Y	300 000 ME	1,–	300 000.– DM
F-Mat Z	600 000 ME	–,50	300 000.– DM
Teil F	1 500 000 ME	–,20	300 000.– DM
			990 000.– DM

* ME = Mengeneinheit
** Resultat aus Menge je Stück × Fertigungsmenge pro Jahr

Wie lange soll der Vorrat reichen?

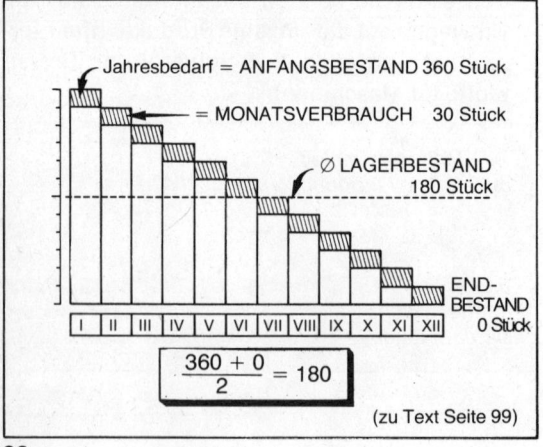

Jahresbedarf = ANFANGSBESTAND 360 Stück
= MONATSVERBRAUCH 30 Stück
⌀ LAGERBESTAND 180 Stück
END-BESTAND 0 Stück

| I | II | III | IV | V | VI | VII | VIII | IX | X | XI | XII |

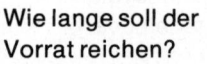

$$\frac{360 + 0}{2} = 180$$

(zu Text Seite 99)

Material-disposition

Der Bedarf an Fertigungsmaterial wird bestimmt von
- der *Art* und
- der *Menge* der hergestellten Produkte.

Die Art der Produkte bestimmt die Art der einzelnen benötigten Materialien. Diese Materialien sind in der Stückliste einzeln aufgeführt, unterschieden nach
- der *Art* des Materials
- der *Menge*, die für eine Mengeneinheit des Produkts gebraucht wird und eventuell
- der *Stelle im Betrieb*, von der das Material bereitgestellt wird.

Materialbedarf

Multipliziert man die geplante Fertigungsmenge mit den Material-Einsatzmengen je Stück, so ergibt sich der **gesamte Materialbedarf** für die Planungsperiode nach einzelnen Materialarten (siehe Abbildung «Materialbedarf»).

Disposition

Die **Dispositionsmengen** (= Beschaffungsmengen) ergeben sich also aus der Zergliederung der geplanten Produktionsmenge in die einzelnen Bestandteile der Produkte.

– bedarfsgesteuert

Der Bedarf wird dabei sehr genau ermittelt – man sagt, die Disposition ist *bedarfsgesteuert*.

– verbrauchs-gesteuert

Bei wertmäßig unbedeutenden Materialien oder bei kleinen Verbrauchsmengen lohnt es sich aber nicht, dieses sehr genaue Verfahren anzuwenden. In diesen Fällen ist es einfacher, vom Verbrauch der Vergangenheit auf den zukünftigen Bedarf zu schließen. Man spricht dabei von *verbrauchsgesteuerter* Disposition.

Wenn der Gesamtbedarf eines Jahres bekannt ist, muß noch entschieden werden, für welchen *Zeitraum* man sich eindecken will. Dabei ist zu bedenken, daß die Vorratshaltung Kosten verursacht und Risiken enthält. Deshalb ist die Frage, in welche Bestellmengen der Gesamtbedarf unterteilt wird, sehr wichtig.

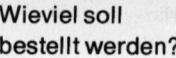
Wieviel soll
bestellt werden?

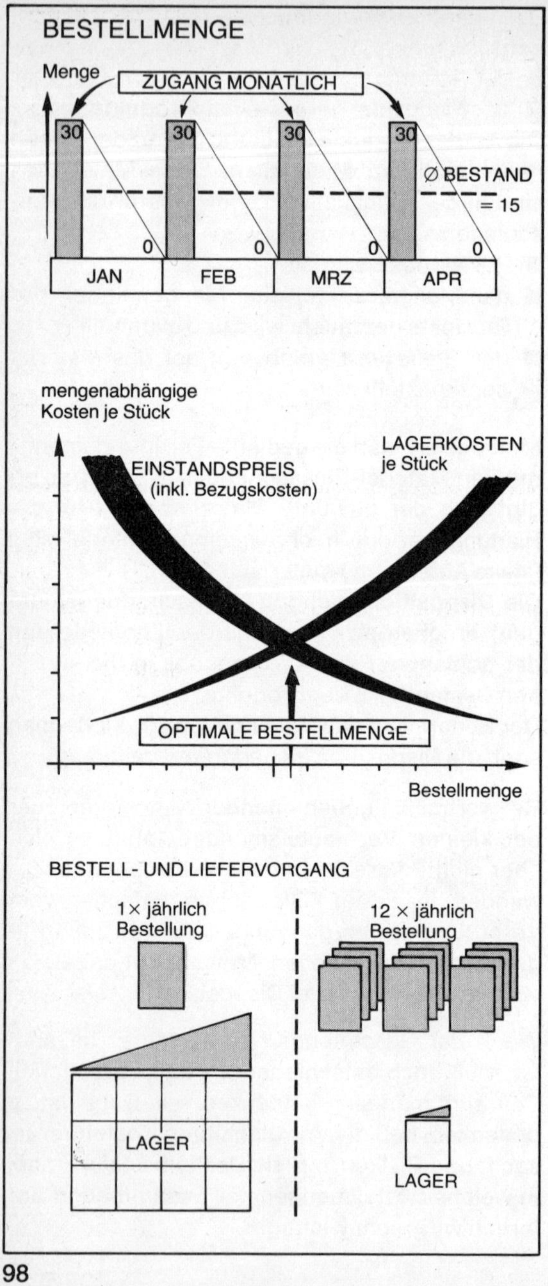

BESTELLMENGE

Menge

ZUGANG MONATLICH

| 30 | 30 | 30 | 30 |

Ø BESTAND
= 15

0   0   0   0

JAN   FEB   MRZ   APR

mengenabhängige
Kosten je Stück

EINSTANDSPREIS
(inkl. Bezugskosten)

LAGERKOSTEN
je Stück

OPTIMALE BESTELLMENGE

Bestellmenge

BESTELL- UND LIEFERVORGANG

1 × jährlich
Bestellung

12 × jährlich
Bestellung

LAGER

LAGER

Bestellmenge

Der *Jahresbedarf* könnte auf einmal gekauft werden. Dann hätte der Betrieb nur einmal den Arbeitsaufwand für den Bestell- und Liefervorgang. Die Folge wäre aber, daß die Hälfte des Jahresbedarfs als ∅-Bestand im Lager liegen müßte (siehe Abbildung Seite 96). Das kostet Lagerzinsen, Raumkosten, Kosten für Betreuung des Lagers usw.

Wird zum Monatsanfang jeweils ein *Monatsbedarf* angeschafft, so beträgt der ∅-Bestand nur einen halben Monatsverbrauch.

Durchschnittsbestand =

$$\frac{\text{Anfangsbestand} + \text{Endbestand}}{2}$$

Bestellmenge und Bestellhäufigkeit hängen also unmittelbar zusammen. Bei gegebenem Verbrauch führt eine Erhöhung der Bestellhäufigkeit zu einer Reduzierung der Bestellmengen und einer Senkung der ∅-Lagerbestände.

Hier entsteht ein Widerstreit, wenn man die Stückkosten je beschaffte Mengeneinheit betrachtet, denn:

Je größer die Bestellmenge, um so günstiger ist der Einkaufspreis und um so niedriger sind auch die Transport- und Verpackungskosten je Stück. Hiernach müßte die Bestellmenge so groß wie möglich gewählt werden.

Aber:

Je größer die Bestellmenge (bei gleichem Verbrauch), um so höher sind auch die Lagerkosten je Mengeneinheit und das Risiko, daß die Bestände unbrauchbar werden.

optimale Bestellmenge

Die **optimale Bestellmenge** ist da zu suchen, wo die Summe dieser mengenabhängigen Kosten *auf das einzelne Stück bezogen* am niedrigsten ist.

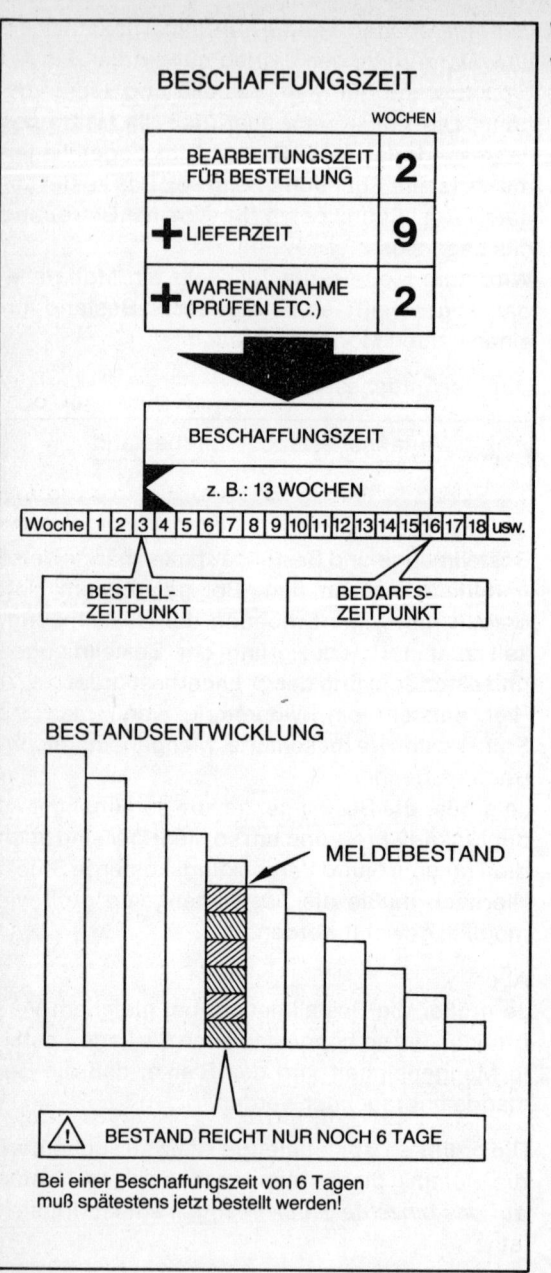

BESCHAFFUNGSZEIT

WOCHEN

BEARBEITUNGSZEIT FÜR BESTELLUNG	2
✚ LIEFERZEIT	9
✚ WARENANNAHME (PRÜFEN ETC.)	2

BESCHAFFUNGSZEIT

z. B.: 13 WOCHEN

Woche | 1 | 2 | 3 | 4 | 5 | 6 | 7 | 8 | 9 | 10 | 11 | 12 | 13 | 14 | 15 | 16 | 17 | 18 | usw.

BESTELL-ZEITPUNKT

BEDARFS-ZEITPUNKT

BESTANDSENTWICKLUNG

MELDEBESTAND

⚠ BESTAND REICHT NUR NOCH 6 TAGE

Bei einer Beschaffungszeit von 6 Tagen
muß spätestens jetzt bestellt werden!

Bestellzeitpunkt

Das Material muß zu dem Zeitpunkt verfügbar sein, zu dem es in der Fertigung gebraucht wird. Von hier aus muß deshalb der **Zeitpunkt der Bestellung** ermittelt werden. Dabei ist eine Rückrechnung zu machen.

Bedarfszeitpunkt minus Beschaffungszeit ergibt den Zeitpunkt, zu dem spätestens bestellt werden muß (siehe Abbildung).

– bei bedarfs-
gesteuerter
Disposition

Natürlich wird in diese Rechnung eine Sicherheit eingebaut, indem die Beschaffungszeit eher etwas länger angesetzt wird, als sie tatsächlich ist. Das führt aber dazu, daß das Material einige Zeit vor der Verwendung im Betrieb liegt, d. h., es führt auch zu *Beständen*.

Die oben beschriebene Methode setzt voraus, daß der Bedarfszeitpunkt bekannt ist. Das ist der Fall, wenn aus der Fertigungsstückzahl durch Zergliederung der *Bedarf je Materialart* genau ermittelt wird.

– bei verbrauchs-
gesteuerter
Disposition

Bei Materialien, die verbrauchsgesteuert disponiert werden, errechnet sich der Bestellzeitpunkt aus dem *Durchschnittsverbrauch und der Beschaffungszeit*.

An dem Tag, an dem der Vorrat so weit abgesunken ist, daß er nur noch für die Beschaffungszeit reicht, muß bestellt werden.

Meldebestand

Diesen Bestand nennt man **Meldebestand**.

Wenn in einem Betrieb durchschnittlich 100 Mengeneinheiten (ME) pro Tag verbraucht werden und die durchschnittliche Beschaffungszeit – das ist die Zeit von der Bestellung bis zur Verfügbarkeit im Lager – 6 Tage beträgt, dann muß bei einem Bestand von $100 \times 6 = 600$ ME spätestens bestellt werden. Nach 6 Tagen sind die 600 ME verbraucht und die neue Lieferung ist verfügbar (siehe Abbildung «Bestandsentwicklung»).

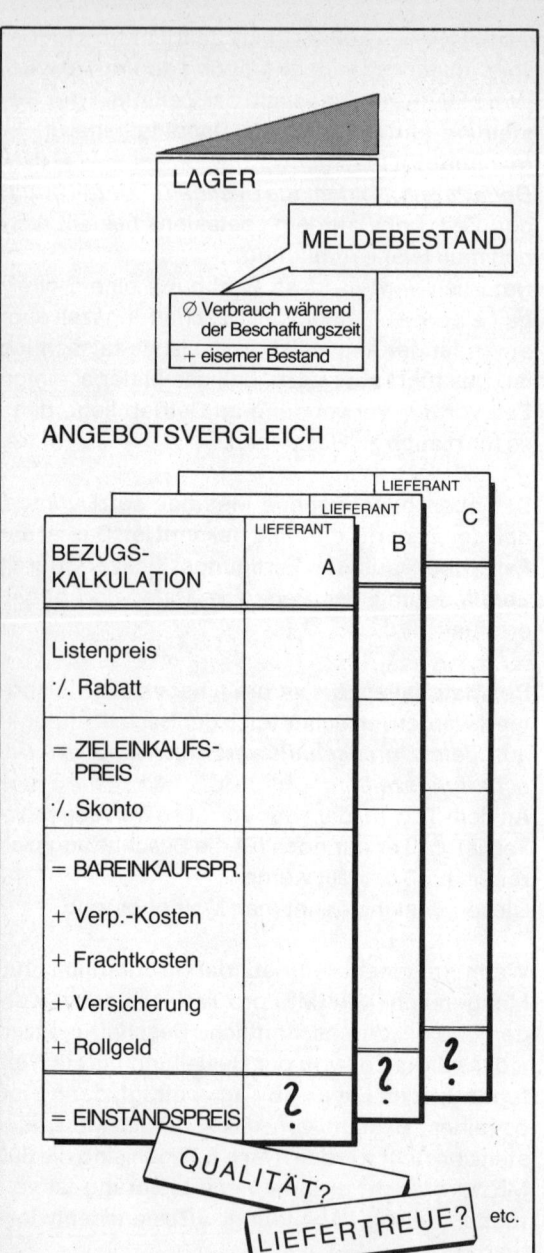

Welche Reserven
müssen eingeplant
werden?

Wo soll gekauft
werden?

Da der Verbrauch in Wirklichkeit nicht so regelmäßig verläuft, muß ein Betrieb aus Sicherheitsgründen noch Reserven einplanen, die Spitzen im Verbrauch ausgleichen können.

Eiserner Bestand

Der Meldebestand bei Einrechnung eines **eisernen Bestandes** errechnet sich so:

Meldebestand =

$$\text{eiserner Bestand} + (\varnothing\text{-Verbrauch} \times \text{Beschaffungszeit})$$

Die Überlegungen des Mr. Moneymaker zu den Bestellmengen werden bei der Beständeplanung dargestellt.

Lieferantenauswahl

Wenn bekannt ist, welche Art Material zu beschaffen ist und welche Mengen zu welchem Zeitpunkt erforderlich sind, muß darüber entschieden werden, *von welchen Lieferanten* bezogen werden soll. Bei der Auswahl ist eine Reihe von Gesichtspunkten zu beachten:

■ **Qualität** der angebotenen Leistung

■ **Preis.** Natürlich wird zunächst ein Lieferant zu bevorzugen sein, der bei vergleichbarer Qualität einen günstigeren Preis anbietet.

■ **Lieferbedingungen.** Lieferzeit, Verrechnung von Verpackungs-, Versicherungs- und Frachtkosten sind weitere Gesichtspunkte, die zu beachten sind. Der Preisvergleich ist nur dann richtig, wenn der Einstandspreis, das ist der Kaufpreis einschließlich aller Nebenkosten, verglichen wird (siehe Abbildung «Angebotsvergleich»). Wenn der Bedarf ganz dringend ist, kann die kurze Lieferzeit vielleicht das alleinige Auswahlkriterium sein. Was schadet z. B. ein Preisnachteil von 100,– DM, wenn damit eine Fertigungsstockung vermieden wird, die Tausende kostet.

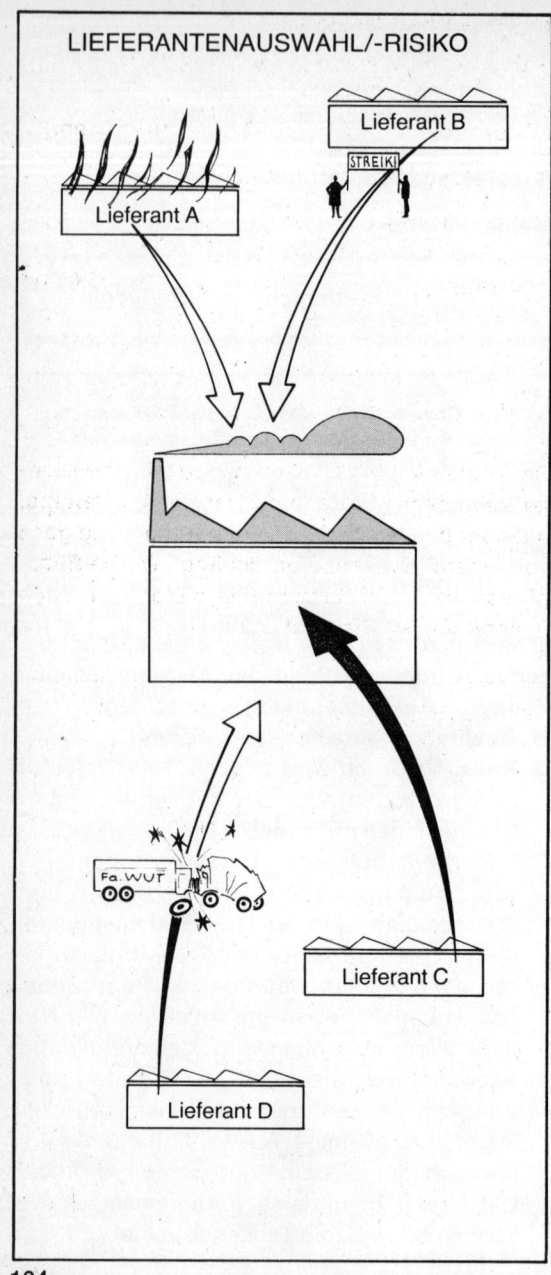

LIEFERANTENAUSWAHL/-RISIKO

Lieferant B

STREIK!

Lieferant A

Soll von mehreren
Lieferanten bezogen
werden?

Fa. WUT

Lieferant C

Lieferant D

■ Zahlungsbedingungen

Für die vorzeitige Zahlung wird häufig Skonto eingeräumt; Preisvergleiche müssen auch den möglichen Skontoabzug einbeziehen.

■ Leistungsfähigkeit des Lieferanten

Ein verlockendes Angebot kann uninteressant sein, wenn anzunehmen ist, daß eine Bestellung sowohl bei Menge wie bei Qualität und Lieferzeit das Leistungsvermögen des Lieferanten übersteigt. Die zuverlässige Versorgung des Betriebes kann wichtiger sein, als eine Einsparung im Einstandspreis.

Zahl der Lieferanten

Die Bestellung der Gesamtmenge bei *einem* Lieferanten bringt Vorteile bei der Preisgestaltung, hat aber den Nachteil, daß die Versorgung ganz von einem Unternehmen abhängt. Durch Bezüge von *mehreren* Lieferanten bieten sich auch laufend Vergleichsmöglichkeiten.

Auswahl der Lieferanten

> *Mr. Moneymaker*
> *wird sein Material bei 2–3 verschiedenen Lieferanten bestellen.*

■ Das Wesentliche kurz gesagt:

Der gesamte Materialbedarf ergibt sich aus dem benötigten Material je Stück und der geplanten Fertigungsmenge je Planungsperiode (lt. Produktionsplan).

Man kann das Material bedarfsgesteuert disponieren oder verbrauchsgesteuert. Außerdem ist zu entscheiden, für welchen Zeitraum man sich eindecken will, d. h. welche Bestellmenge zu wählen ist.

Bei kleinen Bestellmengen muß häufiger bestellt werden als bei größeren Mengen. Für kleine Bestellmengen sprechen niedrigere Zins- und Lagerkosten, für große Bestellmengen Preisnachlässe, günstigere Einkaufsbedingungen und größere Versorgungssicherheit.

Die optimale Bestellmenge liegt da, wo die gesamten Kosten je Mengeneinheit am niedrigsten sind.

Auf jeden Fall muß spätestens dann bestellt werden, wenn der Vorrat nur noch für die Beschaffungszeit ausreicht. Aus Sicherheitsgründen sollten zusätzliche Reserven eingeplant werden.

Eine weitere wichtige Aufgabe der Materialbeschaffung besteht in der Lieferantenauswahl. Bei der Auswahl ist auf den Preis, die Qualität, die Lieferbedingungen, die Zahlungsbedingungen und die Leistungsfähigkeit des Lieferanten zu achten.

1. Woher bekommt man Angaben zu Art und Menge des Materials, das für eine Mengeneinheit eines Produkts gebraucht wird?

           aus der Konstruktionszeichnung   ◯

           aus der Stückliste   ◯

           aus dem Materialbeschaffungsplan   ◯

2. Vervollständigen Sie folgende Formel!
Gesamtbedarf an Material =
Einsatzmenge je Stück × ....

3. Wovon hängt der Bestellzeitpunkt unmittelbar ab?

           Bedarfszeitpunkt   ◯

           Sicherheitszeit   ◯

           Lagerkosten   ◯

           Beschaffungszeit   ◯

           Mengenrabatt   ◯

4. Wie hoch muß der Meldebestand mindestens sein, damit keine Versorgungslücke entsteht?

....

5. Welche Kriterien sind bei der Auswahl der Lieferanten zu beachten?

           ....

           ....

           ....

           ....

           ....

1. Diese Angaben bekommt man

                aus der Konstruktionszeichnung

                und aus der Stückliste

2.
   Gesamtbedarf an Material =
      Einsatzmenge je Stück × **Fertigungsmenge**

3. Der Bestellzeitpunkt hängt unmittelbar ab von

                Bedarfszeitpunkt

                Sicherheitszeit

                Beschaffungszeit

4. Damit keine Versorgungslücke entsteht, muß der Meldebestand mindestens so hoch sein wie der
Materialverbrauch während der Beschaffungszeit.

5. Bei der Auswahl der Lieferanten sind zu beachten:

                Qualität

                Preis

                Lieferbedingungen

                Zahlungsbedingungen

                Leistungsfähigkeit

Bestände

Mit dem Lagern soll Vorsorge getroffen werden, daß ein auftretender Bedarf auch kurzfristig gedeckt werden kann.

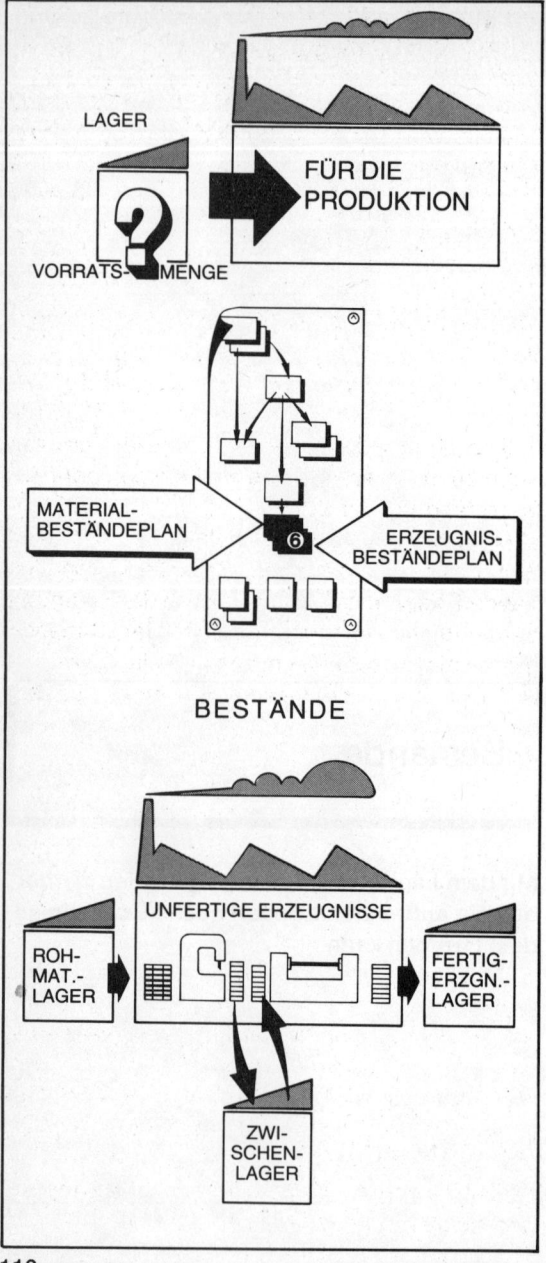

Wieviel soll
ständig auf Lager
sein?

LAGER

FÜR DIE
PRODUKTION

VORRATS-MENGE

MATERIAL-
BESTÄNDEPLAN

6

ERZEUGNIS-
BESTÄNDEPLAN

BESTÄNDE

UNFERTIGE ERZEUGNISSE

ROH-
MAT.-
LAGER

FERTIG-
ERZGN.-
LAGER

ZWI-
SCHEN-
LAGER

Materialbestände

Die Wahl größerer Mengen beim Einkauf (optimale Bestellmenge) führt zwangsläufig zu einer gewissen *Vorratshaltung*. Die gelagerten Mengen binden Kapital und verursachen Kosten. Deshalb wird als Ziel gelten müssen, die Lagerbestände so niedrig wie möglich zu halten. Je niedriger die Bestände aber sind, um so eher wird der Betriebsablauf durch unvorhergesehene Ereignisse betroffen (z. B. Verzögerungen bei Zulieferungen, starker Anstieg der Kundenaufträge und dadurch plötzlich ansteigender Bedarf).

Erzeugnisbestände
Unfertige
Erzeugnisse

Bei der Fertigung entstehen zwangsläufig Bestände an **unfertigen Erzeugnissen** dadurch, daß an jedem Arbeitsplatz ein gewisser Vorrat an noch zu bearbeitenden Teilen liegt. Je mehr Arbeitsstationen ein Betrieb hat, um so mehr solcher Kleinstvorräte muß er haben.

Wenn es sich dabei noch um teure Materialien handelt, können auf diese Weise in der Fertigung beträchtliche Werte gebunden werden. Daneben gibt es die Zwischenlagerung in Teilelagern.

Unfertig sind Erzeugnisse für einen Betrieb dann, wenn noch mindestens ein Arbeitsgang fehlt.

Fertige
Erzeugnisse

Sind alle Arbeitsgänge im Herstellerbetrieb vollzogen, ist das Erzeugnis **fertig**. Betriebe, die für einen anonymen Markt fertigen – d. h., die den Abnehmer noch nicht kennen, wenn die Herstellung begonnen wird – müssen Erzeugnisse vorrätig halten, um sofort liefern zu können. Bei Betrieben dieser Art finden sich im allgemeinen umfangreiche *Fertigerzeugnislager*. Wird dagegen ein Produkt erst gefertigt, wenn der Kunde einen Auftrag erteilt hat (notwendig, wenn «auf Maß» gefertigt wird), dann können keine Erzeugnisse vorrätig gehalten werden. Nach Fertigstellung der Produkte wird ausgeliefert. Nur für kurze Zeit zwischen Fertigstellung und Versand liegen sie quasi auf Lager.

JAHRESVERBRAUCH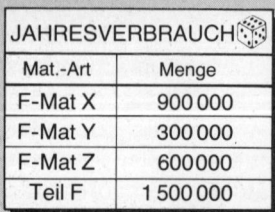

Mat.-Art	Menge
F-Mat X	900 000
F-Mat Y	300 000
F-Mat Z	600 000
Teil F	1 500 000

MATERIAL-BESTÄNDEPLAN ⑥

Mat.-Art	Menge	Wert je ME	Gesamtwert
F-Mat X	150 000	–,10	15000,– DM
F-Mat Y	50 000	1,–	50000,– DM
F-Mat Z	100 000	–,50	50000,– DM
Teil F	250 000	–,20	50000,– DM
–	–	–	165000,– DM

 2-MONATSVERBRAUCH

Ø-ABSATZMENGE
pro Jahr 100 000 Stück

ERZEUGNIS-BESTÄNDEPLAN ⑥

10000 Stück á 15,– DM = 150000,– DM

ca. 1 MONATSUMSATZ

Hohe Lieferbereitschaft im ersteren Fall muß durch entsprechend hohe Erzeugnisbestände bezahlt werden.

Disposition des Würfel- Unternehmens

 Materialbestände:
Mr. Moneymaker plant für das Material einen Ø-Bestand von einem 2-Monats-Verbrauch. Darin ist ein eiserner Bestand von einem Monatsbedarf eingeschlossen.
Er bestellt alle zwei Monate (siehe Abbildung «Materialbeständeplan»).
Diese Beschaffungszeit beträgt einen Monat.
Insgesamt werden während des Jahres Materialien für DM 1'155000,– gekauft (990000,– DM für Materialverbrauch in der Fertigung; 165000,– DM für das Material-Lager).
Erzeugnisbestände:
Gemäß eigener Zielsetzung für den Absatzmarkt (siehe Seite 21) hat die Lieferbereitschaft einen hohen Stellenwert. Ein Ø-Bestand an fertigen Erzeugnissen von mindestens einem Monatsumsatz soll das garantieren.
Bei einer Ø-Absatzmenge der Anfangsjahre von 100000 Stück pro Jahr entspricht dies ca. 10000 Stück Würfel.
Für die genaue Bewertung der Erzeugnisbestände fehlen noch die Stückkosten. Es wird ein geschätzter Wert von 15,– DM pro Stück vorab angesetzt (siehe Abb. «Erzeugnisbeständeplan»). Unfertige Erzeugnisse werden der Einfachheit halber nicht angesetzt.

Nach dem Vorliegen der
       Absatz-,
       Produktions- und
       Beschaffungspläne
kann der *Finanzplan* aufgestellt werden.

■ **Das Wesentliche kurz gesagt:**

Da Materialbestände im Lager ebenso wie die Bestände an unfertigen und fertigen Erzeugnissen Kapital binden und Kosten verursachen, ist man bestrebt, sie so niedrig wie möglich zu halten und gleichzeitig so hoch wie nötig, um unvorhergesehene Bedarfsschwankungen auffangen zu können.

1. Weshalb ist man bestrebt,
   Lagerbestände so niedrig wie möglich zu halten?

               Lagerbestände verursachen Kosten   ◯

               Lagerbestände binden Kapital   ◯

2. Ein Unternehmen verarbeitet als Hauptbestandteil seiner
   Produkte ein seltenes Material, das nur von wenigen Lieferanten angeboten wird. Es könnte seinen ganzen Bedarf
   bei ein- und demselben Lieferanten bestellen und dabei
   2 % an Kosten einsparen. Andererseits ist das Unternehmen von diesem Material abhängig und Lieferengpässe
   würden die ganze Produktion lahmlegen.
   Wie würden Sie bestellen?

               Die ganze Menge bei einem Liefe-
               ranten bei 2 % Kosteneinsparung   ◯

               Aus Sicherheitsgründen bei meh-
               reren Lieferanten   ◯

1. Lagerbestände sind so niedrig wie möglich zu halten,
denn

           Lagerbestände verursachen Kosten

           Lagerbestände binden Kapital

2. Es empfiehlt sich,

           aus Sicherheitsgründen bei meh-
reren Lieferanten zu bestellen.

Die zuverlässige Versorgung des Betriebes mit Fertigungsmaterial ist höher zu bewerten als ein geringfügiger Preis-
vorteil.

Die Betriebswirtschaft...

...unterscheidet sich von der Hauswirtschaft in mancher Hinsicht qualitativ, in bezug auf das Geld aber nur quantitativ. Weder das Haus noch der Betrieb können ohne die nötigen Finanzen wirtschaften. Mangel an Geld ist immer störend, ob nun eine Mark fehlt oder eine Million. Und Überschuß an Geld ist immer erfreulich, selbst wenn er gering sein sollte. Es genügt, wenn man stets fünf Mark mehr hat, als man gerade braucht.

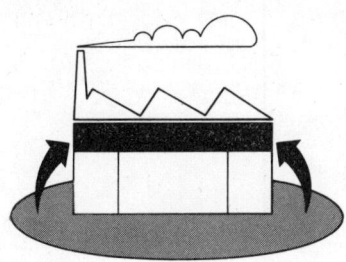

In diesem Kapitel
lernen Sie

– wie man den
  Kapitalbedarf
  eines
  Unternehmens
  berechnet,

– welche
  Möglichkeiten der
  Beschaffung von
  Kapital in Form der
  Außen- und
  Innenfinanzierung
  es gibt

– und an welchen
  Grundsätzen die
  Finanzierung
  eines
  Unternehmens
  ausgerichtet sein
  sollte.

Planung im
Unternehmen

Entscheidungen im
Absatzbereich

Entscheidungen im
Produktionsbereich

Entscheidungen im
Beschaffungsbereich

Entscheidungen im
Finanzbereich

Rechnungslegung im
Unternehmen

Kapitalbedarf

Kapitalbeschaffung

Außenfinanzierung

Innenfinanzierung

Finanzierungsgrundsätze

Kapitalbedarf

Ein Unternehmen braucht, um seine geplanten Aufgaben erfüllen zu können, ein bestimmtes Volumen an **Finanzmitteln**. Mittel werden benötigt für die Beschaffung von

- Grundstücken/Gebäuden
- Maschinen
- Vorräten usw.

Diese Mittel müssen dem Unternehmen zugeführt und laufend zur Verfügung gehalten werden (=Finanzierung).

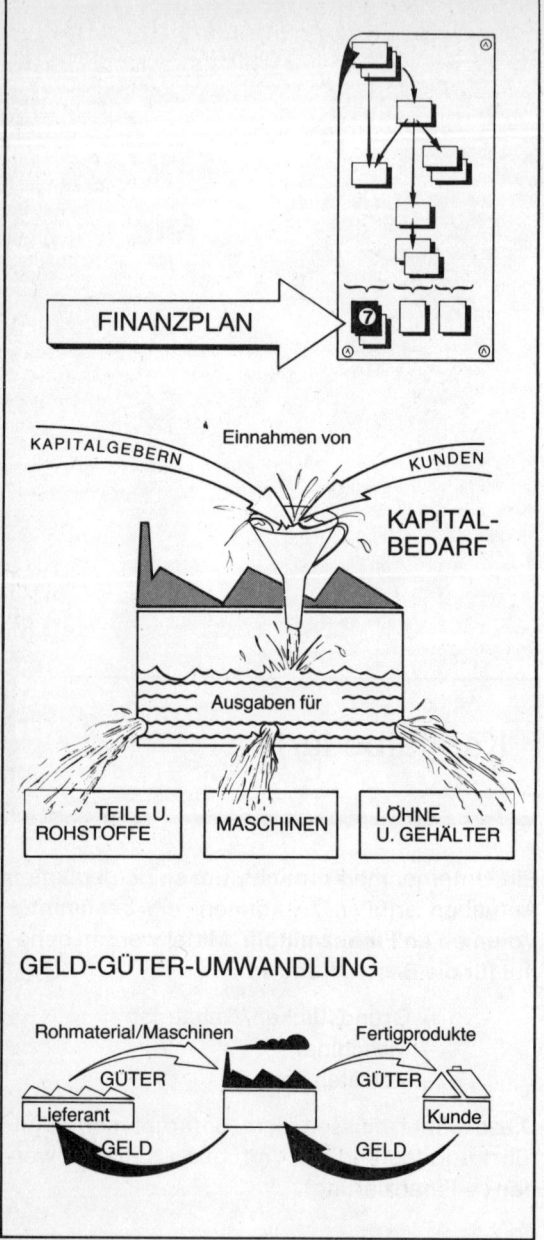

Wieviel Kapital
wird benötigt?

FINANZPLAN

Einnahmen von

KAPITALGEBERN   KUNDEN

KAPITAL-
BEDARF

Ausgaben für

TEILE U.
ROHSTOFFE   MASCHINEN   LÖHNE
U. GEHÄLTER

GELD-GÜTER-UMWANDLUNG

Rohmaterial/Maschinen   Fertigprodukte

GÜTER   GÜTER

Lieferant   Kunde

GELD   GELD

Grundausstattung an Kapital

Bei der Gründung und Erweiterung des Unternehmens muß zunächst einmal die langfristig erforderliche **Grundausstattung** zur Verfügung gestellt werden. Mit der Aufnahme der Geschäftstätigkeit fließen laufend Mittel ab, fließen aber durch Zahlungen der Kunden auch wieder zu. Zwischen der Ausgabe und der Rückzahlung durch die Kunden liegt eine Zeitspanne. Diese muß durch das Unternehmen ständig *überbrückt* werden; das führt zu einem **dauernden Kapitalbedarf**.

Bei der Unternehmertätigkeit vollziehen sich laufend Umwandlungsprozesse von

Geld – Güter – Umwandlung

Geld→Güter→Geld

Durch die Umwandlung von Geld in ein Gut (Maschinen, Rohstoffe) wird Geld gebunden, durch Verkauf und Bezahlung wird das Gut wieder zu Geld (siehe Abbildung «Geld – Güter – Umwandlung»). Dieser Prozeß dauert unterschiedlich lange.

Der Kapitalbedarf, der bei diesem «Umlaufprozeß» entsteht, richtet sich nach

■ dem Umfang der umlaufenden Geldströme

■ der Durchlaufzeit (=Zeitlücke zwischen Ausgabe und Einnahme).

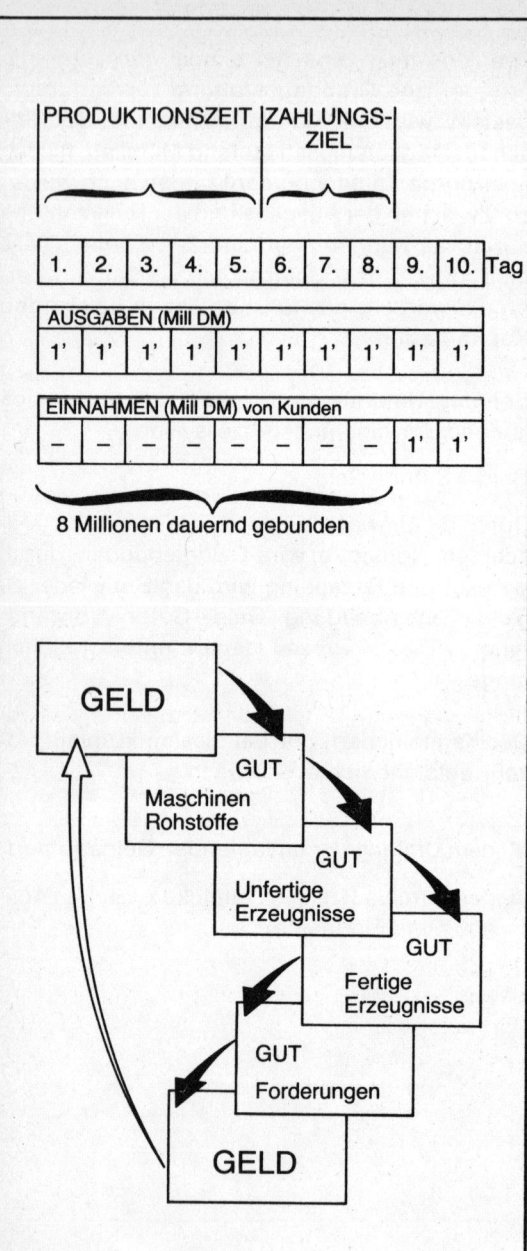

Ein Beispiel

soll das deutlich machen (siehe Abbildung):

Ein Unternehmen beginnt zu produzieren und gibt täglich 1' Mio. DM aus (Löhne, Rohstoffe). Die Herstellung dauert 5 Tage, die Kunden zahlen nach 3 Tagen.

Acht Tage lang gibt das Unternehmen also je 1' Mio. DM aus, ohne eine Einnahme aus Kundenzahlungen zu bekommen. Vom 9. Tage an steht der Ausgabe von 1' Mio. DM auch wieder eine Einnahme von mindestens 1' Mio. DM gegenüber. Jetzt tragen die laufenden Einnahmen die laufenden Ausgaben.

8' Mio. DM allerdings müssen wegen des Zeitverzugs *auf Dauer* vorgestreckt werden. Erhöht sich die Durchlaufzeit z. B. auf 10 Tage und das Geschäftsvolumen z. B. von 1' Mio. DM auf 1,5' Mio. DM, dann steigt auch der Bedarf für die Finanzierung; denn 10 Tage × 1'5 Mio. = 15' Mio. DM.

Die ∅-Durchlaufzeit (=Bindungsdauer) ist bei den einzelnen Vermögensteilen unterschiedlich lang, am längsten sicher bei Grundstücken, Gebäuden, Maschinen usw.

An einem «Kreislaufmodell» soll der Zusammenhang noch einmal verdeutlicht werden:

Die in einem Unternehmen eingesetzten Mittel werden unterschiedlich lange gebunden. Im Normalfall verwandeln sich aber am Ende alle Güter zu Geld. Das vollzieht sich zum Teil in Stufen, wie die nebenstehende Abbildung zeigt.

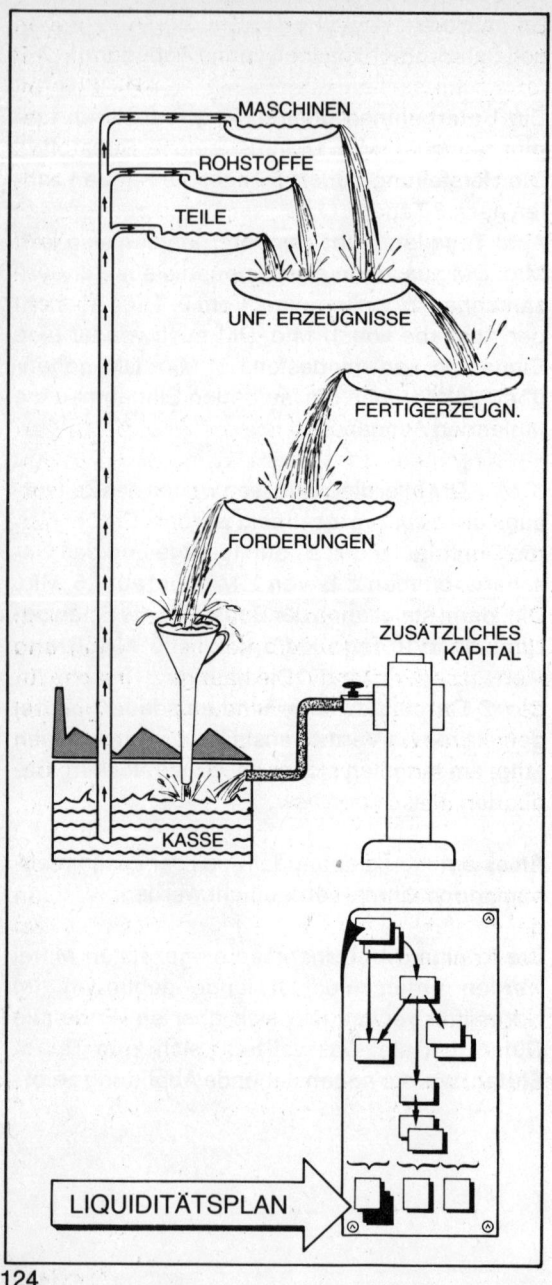

MASCHINEN

ROHSTOFFE

TEILE

UNF. ERZEUGNISSE

FERTIGERZEUGN.

FORDERUNGEN

ZUSÄTZLICHES
KAPITAL

KASSE

LIQUIDITÄTSPLAN

Das Modell erinnert an einen Brunnen, der in verschiedenen Schalen Wasser festhält und mit unterschiedlichem Zeitverzug wieder freigibt. Das gesamte System muß vor Beginn einmal gefüllt werden. Dann lebt es aus sich heraus. Wird allerdings die Durchlaufzeit bei einzelnen Schalen vergrößert (Volumen der Schale vergrößert sich bei gleichem Durchlauf) oder vergrößert sich der gesamte Querschnitt der Leitungen (=Gesamtvolumen), dann müssen Mittel nachgefüllt werden, bis sich das System wieder trägt.

Auf das Unternehmen bezogen bed

Eine Verlängerung der Durchlaufzeit (z. B. Verlängerung des Zahlungsziels) bzw. eine Ausweitung des Geschäfts (Steigerung des Umsatzes) machen eine *zusätzliche Kapitalzuführung* erforderlich.

Die Steuerung dieses Kreislaufsystems in einem Unternehmen ist außerordentlich wichtig und «lebensbestimmend». Die häufigste Ursache für den «Tod eines Unternehmens» (=Konkurs) sind Liquiditätsprobleme, d. h. die verfügbaren Mittel aus den Einnahmen reichen nicht mehr aus, um die laufenden Ausgaben zu bestreiten.

Ein Jahr mit Verlust kann ohne weiteres überstanden werden. Aber bereits einige Tage, an denen nicht gezahlt werden kann, genügen, um den Konkursverwalter ins Haus zu bringen.

Liquiditätsplan

Mit dem sog. **Liquiditätsplan** (liquide = flüssig) wird sichergestellt, daß das Unternehmen zu jedem Zeitpunkt während des Jahres seinen Verpflichtungen nachkommen kann.

■ Das Wesentliche kurz gesagt:

Ein Unternehmen braucht zur Erfüllung seiner Aufgaben ein bestimmtes Volumen an Mitteln.

Zunächst braucht es eine Grundausstattung an Kapital, da mit Aufnahme der Geschäftstätigkeit Grundstücke, Anlagen und Material vorhanden sein müssen und zudem laufend Mittel abfließen, die erst durch Zahlungen der Kunden wieder zufließen.

Die Zeitspanne zwischen Ausgabe und Rückzahlung muß ständig vorfinanziert werden.

In einem andauernden Kreislauf verwandelt sich das Geld zu Gütern und die Güter wieder zu Geld.

Die häufigste Ursache für den Konkurs eines Unternehmens liegt darin, daß die verfügbaren Mittel aus den Einnahmen nicht mehr ausreichen, um die laufenden Ausgaben zu decken.

1. Kreuzen Sie das Richtige an!
   Die Grundausstattung an Kapital ist nötig für
   die Beschaffung von Grundstücken, Gebäuden, technischen Anlagen ◯
   die laufende Finanzierung der Zeitspanne zwischen der Aufnahme der Geschäftstätigkeit und den ersten Kundenzahlungen ◯

2. Beschriften Sie den Kapitalzu- und -abfluß!

....

....
          ....

3. Die Höhe des Kapitalbedarfs hängt ab
   vom Umfang der umlaufenden Geldströme ◯
   von der Zeitlücke zwischen Einnahme und Ausgabe ◯
   vom Anteil des Fremdkapitals ◯

4. Wie wirken sich folgende Vorgänge auf den Kapitalbedarf des Betriebes aus? Kreuzen Sie an!

Erhöhung/Verminderung des Kapitalbedarfs

Anschaffung zusätzlicher Maschinen ◯ ◯

Verlängerung des Zahlungsziels ◯ ◯

Abbau von Rohstoffbeständen ◯ ◯

Erhöhung der eisernen Bestände ◯ ◯

127

1.
   Die Grundausstattung an Kapital ist nötig für
        die Beschaffung von Grundstücken, Gebäuden,   ⊗
        technischen Anlagen,
        die laufende Finanzierung der Zeitspanne zwi- ⊗
        schen der Aufnahme der Geschäftstätigkeit und
        den ersten Kundenzahlungen

2.

Kapitalgeber   **Kunden**

Rohstoffe   **Löhne/Gehälter**
                    Maschinen

3. Die Höhe des Kapitalbedarfs hängt ab
       vom Umfang der umlaufenden Geldströme   ⊗

       von der Zeitlücke zwischen Einnahme und   ⊗
       Ausgabe
                                                       ◯

4.
                                        Erhöhung/Vermin-
                                                derung
                                        des Kapitalbedarfs

       Anschaffung zusätzlicher Maschinen   ⊗   ◯

       Verlängerung des Zahlungsziels   ⊗   ◯

       Abbau von Rohstoffbeständen   ◯   ⊗

       Erhöhung der eisernen Bestände   ⊗   ◯

🎲 *Die Kapitalbedarfsrechnung für Mr. Money-maker können Sie an Hand der bereits vorliegen-den Planungsdaten nun selbst vornehmen:*

Ausgaben für
1) *Grundstück und Gebäude* | 200 000,– DM |

2) *Maschinen*

Aus INVESTITIONSPLAN siehe Seite 86

Arbeits-Platz	Anzahl Masch.	à/DM	
100	6	15 000,–	DM
101	1	100 000,–	DM
102	6	30 000,–	DM
103	2	65 000,–	DM

| DM |

3) *Sonstige Einrichtungen* | 100 000,– DM |

4) *Materialbestände*

Aus MATERIAL-BESTÄNDEPLAN siehe Seite 112

F-Mat X: 150 000 ME	DM
F-Mat Y: 50 000 ME	DM
F-Mat Z: 100 000 ME	DM
Teil F: 250 000 ME	DM

| DM |

5) *Erzeugnisbestände*

Aus ERZEUGNIS-BESTÄNDEPLAN siehe Seite 112

Stck.   DM/Stck.

| | × | | = | | DM |

6) *Forderungen bei Zahlungsziel von 1 Monat* | 170 000,– DM |

7) *Bankguthaben und Kasse* | 115 000,– DM |

Summe Kapitalbedarf | DM |

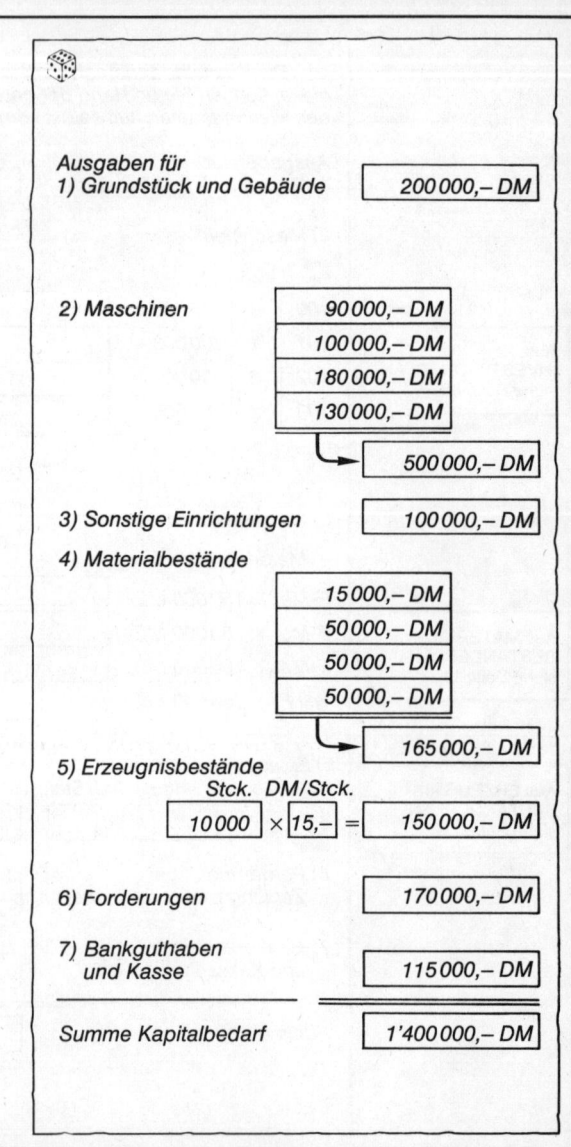

Ausgaben für
1) Grundstück und Gebäude | 200 000,– DM |

2) Maschinen
| 90 000,– DM |
| 100 000,– DM |
| 180 000,– DM |
| 130 000,– DM |
→ | 500 000,– DM |

3) Sonstige Einrichtungen | 100 000,– DM |

4) Materialbestände
| 15 000,– DM |
| 50 000,– DM |
| 50 000,– DM |
| 50 000,– DM |
→ | 165 000,– DM |

5) Erzeugnisbestände
Stck.   DM/Stck.
| 10 000 | × | 15,– | = | 150 000,– DM |

6) Forderungen | 170 000,– DM |

7) Bankguthaben
   und Kasse | 115 000,– DM |
_____
Summe Kapitalbedarf | 1'400 000,– DM |

Kapitalbeschaffung

Die in einem Unternehmen erforderlichen Mittel können nicht aus einer Quelle allein aufgebracht werden. Es müssen alle Möglichkeiten der Kapitalbeschaffung genutzt werden.

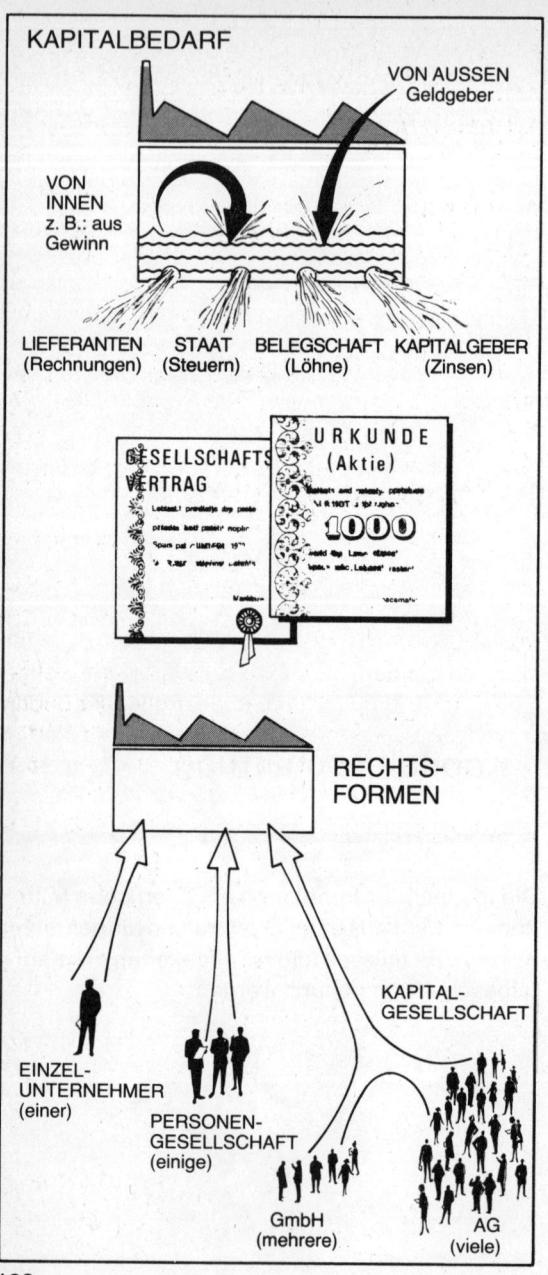

KAPITALBEDARF

VON AUSSEN
Geldgeber

VON INNEN
z. B.: aus Gewinn

LIEFERANTEN (Rechnungen)   STAAT (Steuern)   BELEGSCHAFT (Löhne)   KAPITALGEBER (Zinsen)

GESELLSCHAFTSVERTRAG

URKUNDE (Aktie)

1000

RECHTSFORMEN

EINZELUNTERNEHMER (einer)

PERSONENGESELLSCHAFT (einige)

KAPITALGESELLSCHAFT

GmbH (mehrere)

AG (viele)

Wie sollen die Mittel aufgebracht werden?

Wie bekommt man Eigenkapital?

Welche Rechtsform ist zu wählen?

Die erforderlichen Mittel können von außen zugeführt (Außenfinanzierung) oder aus der Geschäftstätigkeit heraus gewonnen werden (Innenfinanzierung, z. B. Einbehaltung von Gewinnen).

Außenfinanzierung

Formen der Außenfinanzierung sind

■ die **Beteiligungsfinanzierung** und
■ die **Kreditfinanzierung.**

Bei der Gründung eines Unternehmens wird man einen Anfang nur machen können, wenn die zukünftigen Unternehmer Mittel einbringen und damit *Inhaber* bzw. *Teilhaber* werden. Man

Beteiligungs-
finanzierung

spricht in diesem Fall von **Beteiligungsfinanzierung**. Das von den Teilhabern eingebrachte Kapital ist das

Eigenkapital.

Rechtsform

Wie viele und welche Art Teilhaber gefunden werden können, hängt von der Wahl der **Rechtsform** der Unternehmung ab. Je größer der Bedarf an Eigenkapital ist, um so mehr Gesellschafter wird man brauchen. Die Abbildung «Rechtsfor-

Unternehmens-
formen

men» zeigt einige **Unternehmensformen** und die Anzahl ihrer Gesellschafter.

Eigenschaften
der Eigenmittel

An die von den Anteilseignern eingebrachten Mittel sind folgende Rechte und Pflichten gebunden:

■ keine Rückzahlungsverpflichtung
■ Anteil am Gewinn/Verlust
■ Haftung gegenüber Gläubigern des Unternehmens
■ Mitspracherecht bei der Geschäftsführung

Der Umfang dieser Eigenschaften ist je nach Rechtsform unterschiedlich geregelt.

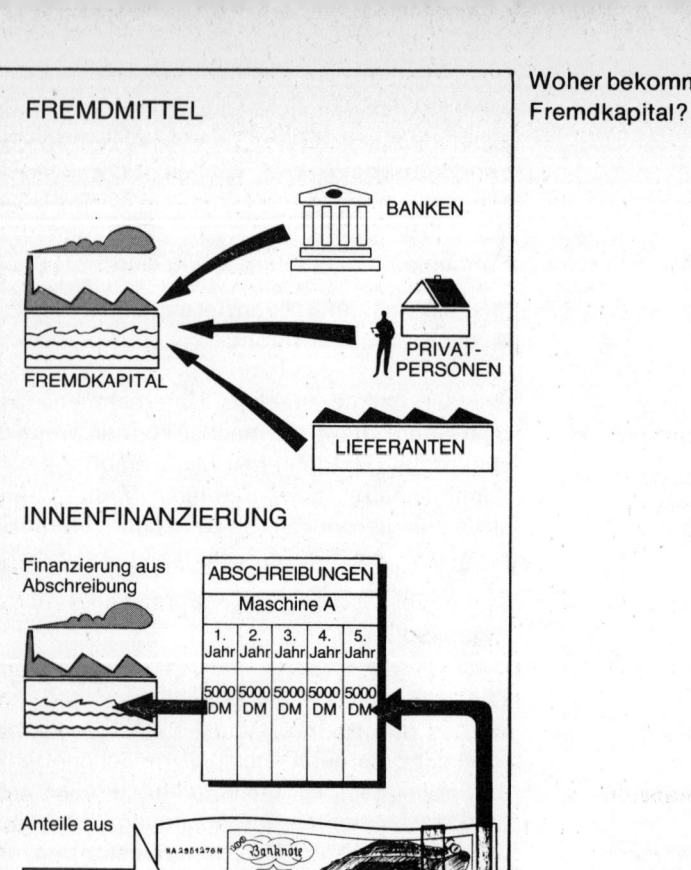

Woher bekommt man
Fremdkapital?

FREMDMITTEL

BANKEN

FREMDKAPITAL

PRIVAT-
PERSONEN

LIEFERANTEN

INNENFINANZIERUNG

Finanzierung aus
Abschreibung

ABSCHREIBUNGEN

Maschine A

1. Jahr	2. Jahr	3. Jahr	4. Jahr	5. Jahr
5000 DM	5000 DM	5000 DM	5000 DM	5000 DM

Anteile aus

KUNDEN-
ZAHLUNG

Was kann das
Unternehmen selbst
zur Finanzierung
beitragen?

Selbstfinanzierung

BILANZ

AKTIVA   PASSIVA

GEWINN

Die Ausstattung eines Unternehmens nur mit Eigenkapital ist in der Regel nicht möglich und auch nicht sinnvoll. An der Aufbringung von **Fremdmitteln** (= Fremdkapital) beteiligen sich

■ Banken durch lang-, mittel- und kurzfristige Kredite

■ Lieferanten durch Einräumung von Zahlungszielen

■ Private Haushalte/Banken durch Kauf von Anleihen.

Diese Form der Finanzierung heißt

Kreditfinanzierung

Kreditfinanzierung.

Eigenschaften von Fremdmitteln

Fremdmittel haben folgende Eigenschaften:

■ Rückzahlungsverpflichtung

■ Verpflichtung zu Zinszahlungen

■ Kreditgeber verlangen besondere Sicherheiten (Verpfändung von Grundstücken, Maschinen usw.)

Da Kreditgeber das vorhandene Vermögen nur bis zu einem bestimmten Prozentsatz beleihen, muß für den Rest auf jeden Fall *Eigenkapital* aufgebracht werden.

Innenfinanzierung

Die von den Kunden in das Unternehmen einströmenden Zahlungen enthalten auch anteilige Beträge für Kosten, die nicht gleich wieder zu Ausgaben werden, wie z. B. Abschreibungen auf Maschinen, die im Preis der verkauften Produkte mit abgegolten werden. Diese Beträge können zur Beschaffung neuer Anlagen oder Maschinen verwendet werden. Man nennt dies **Finanzierung aus Abschreibung**.

Finanzierung aus Abschreibung

Eine andere Möglichkeit der Innenfinanzierung besteht darin, *einen Teil des Gewinnes* im Unternehmen stehen zu lassen. Damit erhöht sich das *Eigenkapital*. Bei Aktiengesellschaften wird dieser Teil des Gewinnes, nachdem er versteuert worden ist, in die Rücklagen eingestellt und dort in der Bilanz gezeigt. Die Nichtausschüttung von Gewinnen wird **Selbstfinanzierung** genannt.

Selbstfinanzierung

Wie ist der Anteil an Eigen- und Fremdkapital zu bemessen?

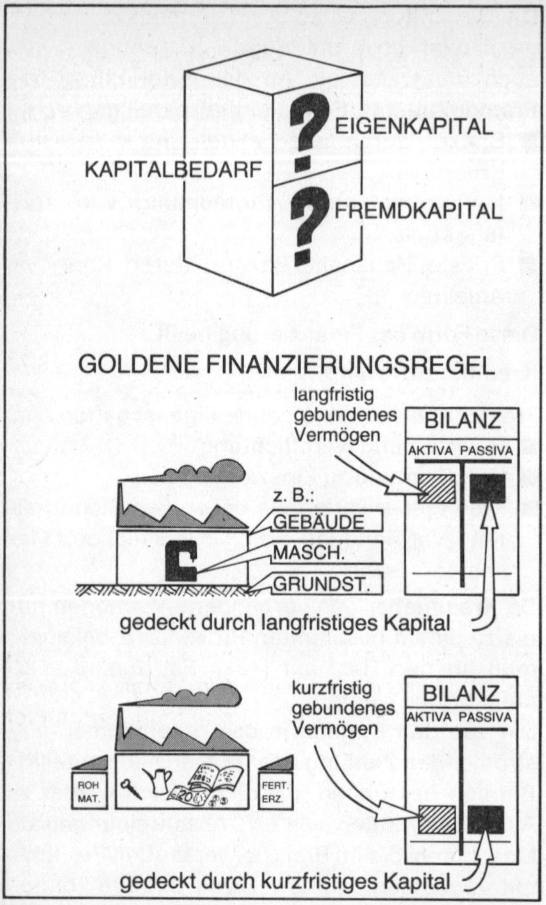

KAPITALBEDARF

? EIGENKAPITAL

? FREMDKAPITAL

GOLDENE FINANZIERUNGSREGEL

langfristig gebundenes Vermögen

BILANZ
AKTIVA PASSIVA

z. B.:
GEBÄUDE
MASCH.
GRUNDST.

gedeckt durch langfristiges Kapital

kurzfristig gebundenes Vermögen

BILANZ
AKTIVA PASSIVA

ROH MAT.
FERT. ERZ.

gedeckt durch kurzfristiges Kapital

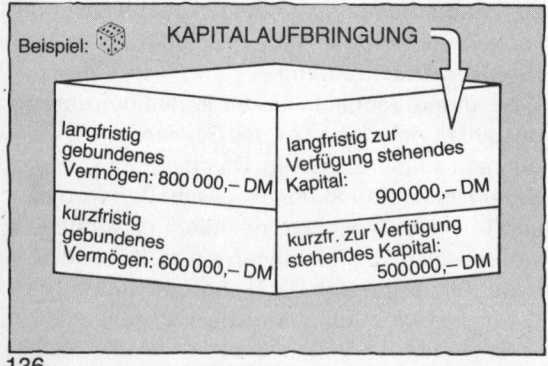

Beispiel: KAPITALAUFBRINGUNG

langfristig gebundenes Vermögen: 800 000,– DM

langfristig zur Verfügung stehendes Kapital: 900 000,– DM

kurzfristig gebundenes Vermögen: 600 000,– DM

kurzfr. zur Verfügung stehendes Kapital: 500 000,– DM

**Finanzierungs-
grundsätze**

Aus der Praxis der Kreditinstitute haben sich einige Grundsätze für die Bemessung des Eigen- und Fremdkapitals entwickelt. Hier soll nur die «Generalregel», die sogenannte **goldene Finanzierungsregel**, genannt werden.

Goldene
Finanzierungs-
regel

> Langfristig gebundenes Vermögen soll durch langfristig zur Verfügung stehendes Kapital, kurzfristig gebundenes Vermögen durch kurzfristig zur Verfügung stehendes Kapital finanziert werden.

Zum *langfristig gebundenen Vermögen* gehören

Grundstücke, Gebäude, Maschinen usw.

Die übrigen Vermögensteile,

wie Forderungen und flüssige Mittel,

werden in der Regel *kurzfristig gebunden* sein.

Vorräte können, je nachdem um welche Art von Vorräten es sich handelt, zum langfristig oder kurzfristig gebundenen Vermögen gerechnet werden.

Zum *langfristig zur Verfügung stehenden Kapital* zählt man

■ das gesamte Eigenkapital,
■ langfristiges Fremdkapital wie Anleihen, Darlehen und Kredite mit längerer Laufzeit.

Das *kurzfristig zur Verfügung stehende Kapital* besteht in der Regel aus

■ Verbindlichkeiten gegenüber Lieferanten
■ Bankkrediten mit kurzer bis mittlerer Laufzeit.

137

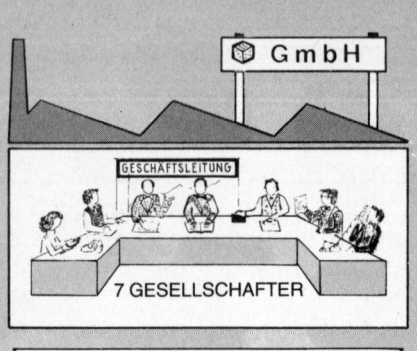

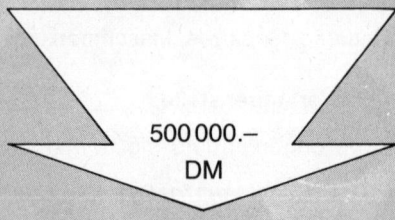

500 000.–
DM

FINANCIERUNG	
Eigenkapital	500 000.– DM
langfristige Darlehen (8 %)	400 000.– DM
kurzfristige Kredite (10 %)	300 000.– DM
Lieferanten-kredite	100 000.– DM
sonstige kurzfristige Schulden	100 000.– DM
Aufbringung INSGESAMT	1'400 000.– DM

Finanzierung der
«Würfel-GmbH»

 Mr. Moneymaker

braucht – wenn er sich an die goldene Finanzierungsregel hält – für die Finanzierung von langfristig gebundenem Vermögen (Grundstück, Maschinen, Einrichtungen) 800 000,– DM langfristige Mittel.

Er will davon zunächst 500 000,– DM als Eigenkapital aufbringen. Da er dazu allein nicht imstande ist, muß er sich Teilhaber suchen. Er muß deshalb eine Gesellschaft gründen.

Die Entscheidung fällt zugunsten einer GmbH aus. Er findet 7 Gesellschafter. Er selbst und ein zweiter Gesellschafter übernehmen die Geschäftsleitung. (Die Geschäftsführer erhalten laut Gesellschaftsvertrag ein Gehalt von je 75 000,– DM pro Jahr.)

400 000,– DM werden durch langfristige Darlehen einiger Banken aufgebracht (8 % Jahreszins).

Der Rest wird kurz- und mittelfristig finanziert, davon 300 000,– DM durch kurzfristigen Kredit (10 % Jahreszins) und 100 000,– DM durch sonstige kurzfristige Schulden.
Die Verbindlichkeiten gegenüber Lieferanten werden etwa $\frac{1}{12}$ der Materialbezüge ausmachen (30 Tage Ziel) = ca. 100 000,– DM.

Damit ist die Aufbringung von 1'400 000,– DM gesichert.
(Vgl. dazu Kapitalbedarfsrechnung Seite 129).

■ **Das Wesentliche kurz gesagt:**

Die für ein Unternehmen erforderlichen
Mittel können von außen zugeführt werden (Außenfinanzierung), und zwar entweder als Beteiligungsfinanzierung
(=Eigenkapital) oder als Kreditfinanzierung (=Fremdkapital).

Erforderliche Mittel werden auch aus
der Geschäftstätigkeit heraus gewonnen (Innenfinanzierung), indem z. B.
über Abschreibungen finanziert wird
oder ein Teil des Gewinnes im Unternehmen gelassen wird.

Die wichtigste Finanzierungsregel, die
das Verhältnis von Eigenkapital zu
Fremdkapital betrifft, besagt, daß langfristig gebundenes Vermögen durch
langfristig zur Verfügung stehendes Kapital und kurzfristig gebundenes Vermögen durch kurzfristig zur Verfügung
stehendes Kapital finanziert werden
soll.

1. Mit welcher Finanzierungsart können
   Eigenkapital und Fremdkapital aufgebracht werden?

		Eigen-kapital	Fremd-kapital
Außenfinanzierung:			
	Beteiligungsfinanzierung	◯	◯
	Kreditfinanzierung	◯	◯
Innenfinanzierung:			
	Selbstfinanzierung	◯	◯

2. Ergänzen Sie die goldene Finanzierungsregel!
   Langfristig gebundenes Vermögen

   soll durch ....

   zur Verfügung stehendes Kapital,

   .... gebundenes Vermögen

   durch ....

   zur Verfügung stehendes Kapital finanziert werden.

3. Welche Mittel würden Sie als langfristig bezeichnen und welche als kurzfristig?

Vermögen:	kurz-fristig	lang-fristig	Kapital:	kurz-fristig	lang-fristig
Forderungen aus Lieferungen	◯	◯	Eigenkapital	◯	◯
Grundstücke	◯	◯	Darlehen mit 4 Jahren Laufzeit	◯	◯
Maschinen	◯	◯	Lieferantenkredite	◯	◯
flüssige Mittel	◯	◯	Bankkredit mit 3 Monaten Laufzeit	◯	◯

1. Eigenkapital und Fremdkapital können mit folgenden
   Finanzierungsarten aufgebracht werden:

	Eigen- kapital	Fremd- kapital
Außenfinanzierung: Beteiligungsfinanzierung	⊗	◯
Kreditfinanzierung	◯	⊗
Innenfinanzierung: Selbstfinanzierung	⊗	◯

2. Goldene Finanzierungsregel:
   **Langfristig gebundenes Vermögen soll durch langfristig
   zur Verfügung stehendes Kapital,
   kurzfristig gebundenes Vermögen durch kurzfristig
   zur Verfügung stehendes Kapital finanziert werden.**

3. Als kurzfristige bzw. langfristige Mittel können bezeichnet
   werden:

Vermögen:	kurz- fristig	lang- fristig	Kapital:	kurz- fristig	lang- fristig
Forderungen aus Lieferungen	⊗	◯	Eigenkapital	◯	⊗
Grundstücke	◯	⊗	Darlehen mit 4 Jahren Laufzeit	◯	⊗
Maschinen	◯	⊗	Lieferantenkredite	⊗	◯
flüssige Mittel	⊗	◯	Bankkredit mit 3 Monaten Laufzeit	⊗	◯

In diesem Kapitel
lernen Sie

- wie man durch
  Gegenüberstellung
  von Aufwendungen
  und Erträgen das
  Ergebnis eines
  Unternehmens
  bestimmt,

- wie man mit Hilfe
  der Methoden der
  Kostenrechnung
  die Kosten und das
  Ergebnis ermittelt,
  die jedes
  produzierte Stück
  verursacht

- und wie man
  schließlich eine
  Bilanz erstellt und
  fortschreibt, um zu
  ersehen, in
  welchen
  Vermögensformen
  die Mittel
  gebunden sind
  und wo sie
  herkommen.

Planung im
Unternehmen

Entscheidungen im
Absatzbereich

Entscheidungen im
Produktionsbereich

Entscheidungen im
Beschaffungsbereich

Entscheidungen im
Finanzbereich

Rechnungslegung im
Unternehmen

Erfolgsrechnung

Aufwand und Ertrag

Gewinnverwendung

Ergebnisplan

Rentabilität

Kostenrechnung

Ergebnisquellen

Kostenartenrechnung

Kostenstellenrechnung

Kostenträgerstückrechnung

Bilanz

Aufbau der Bilanz

Bilanzfortschreibung

Bilanzwirksamkeit

Erfolgsrechnung

Ein Unternehmen, das eine Leistung erbringen und diese auf dem Markt absetzen will, muß im Leistungsprozeß wirtschaftliche Güter einsetzen. Diese Güter werden dabei verzehrt. Ein Unternehmen kann auf Dauer nicht bestehen, wenn es mehr Vermögenswerte verzehrt als dazugewinnt.

Damit diese Auszehrung nicht stattfindet, muß der Wert der ausgebrachten Leistung mindestens ebenso groß sein, wie der Wert der eingesetzten Güter.

Wie ist der Erfolg festzustellen?

GÜTER-
EINSATZ

LEISTUNGSPROZESS

GÜTER-
AUSBRINGUNG

AUFWAND UND ERTRAG

GÜTER-
EINSATZ
(Mengen)
ME

GÜTER-
AUSBRING.
(Mengen)
ME

BEWERTUNG

DM

DM

Wert der
verzehrten
Güter

Wert der
erstellten
Güter

AUFWAND

ERTRAG

«WERTVERZEHR»

«WERTZUWACHS»

146

Gütereinsatz	Die wichtigsten Gruppen des **Gütereinsatzes** sind:
	– Material (Roh-, Hilfs-, Betriebsstoffe, bezogene Teile)
	– Arbeitskraft
	– Sachanlagen (Gebäude, Maschinen, maschinelle Anlagen).
	Als Ergebnis eines Leistungsprozesses entstehen neue wirtschaftliche Güter
Güterausbringung	= **Güterausbringung.** Das können sein:
	– Produkte (z. B. Autos, Elektrogeräte, Lebensmittel)
	– Dienstleistungen (z. B. Beförderung).
	Diese werden verkauft.
	Um Gütereinsatz und Güterausbringung vergleichen zu können und den ganzen Prozeß auf seinen wirtschaftlichen Sinn hin beurteilen zu können, muß für beide Größen ein *gemeinsamer Nenner* gefunden werden, z. B. Währungseinheiten.
Aufwand und Ertrag	Werden die verzehrten Gütermengen mit dem DM-Wert *bewertet* (Menge × Wert je Mengeneinheit), spricht man von **Aufwand.**
	Den Wert der erstellten Güter bezeichnet man als **Ertrag.**
	Aufwand und Ertrag werden für einen *Zeitraum* berechnet (Monat, Quartal, Jahr).
	Die wichtigsten Aufwandsarten und die Vermögensposten, die dabei verzehrt werden, sind:

Aufwandsarten	verz. Vermögensposten
Materialverbrauch	Materialbestände
Personalaufwand	flüssige Mittel (Lohnzahlung)
	Sachanlagen
Abschreibungen	
Zinsen	
Instandhaltung	flüssige Mittel durch Zahlung von Rechnungen
Energieverbrauch	
sonstige Leistungen anderer	

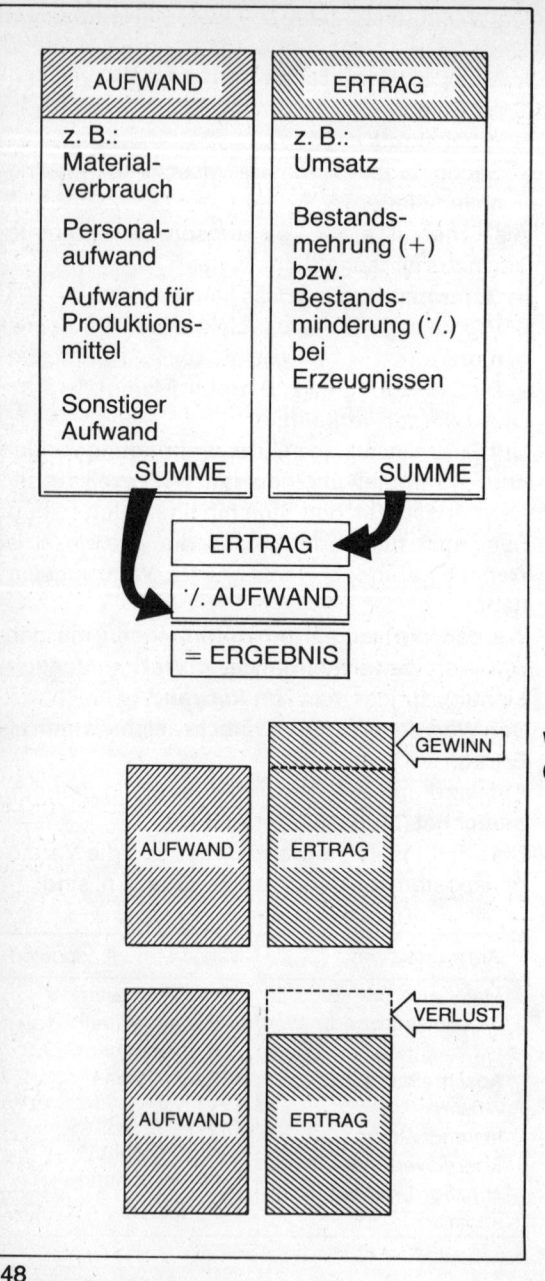

Welches Ergebnis
ist zu erwarten?

Wofür wird der
Gewinn verwendet?

Umsatz	Die weitaus wichtigste Ertragsart ist der **Umsatz**. Er ist der Wert der verkauften Leistung.

Erzeugnisse, die hergestellt, aber nicht verkauft worden sind, führen zu einer **Mehrung der Erzeugnisbestände**; diese Bestandsmehrung bei Erzeugnissen ist ein weiterer Ertragsposten. Eine Verminderung der Erzeugnisbestände ist *Wertverzehr*, hat also den umgekehrten Charakter (mindert den Ertrag).

Wird von der Summe der Erträge die Summe der Aufwendungen abgezogen, so bleibt als Differenz

Ergebnis, Erfolg

das **Ergebnis** oder der **Erfolg**
des Abrechnungszeitraumes.

Ist der Ertrag größer als der Aufwand, also der Wertzuwachs größer als der Wertverlust, so ist

Gewinn
Verlust

ein **Gewinn** entstanden. Im umgekehrten Fall ist es ein **Verlust**.

**Gewinn-
verwendung**

Ein Unternehmen kann auf Dauer nicht existieren, wenn es keinen Gewinn macht.

Der Gewinn zeigt an, daß das Unternehmen *wirtschaftlich gesund* ist. Außerdem ist Gewinn notwendig, um

- dem *mitarbeitenden Unternehmer* die Tätigkeit zu entlohnen (bei Einzelunternehmen, Personengesellschaften)
- einen Teil der *Vergrößerung des Unternehmens* (Wachstum) zu finanzieren (Eigenkapitalzuwachs)
- dem Eigenkapitalgeber eine angemessene *Verzinsung* zu geben (z. B. Dividende)
- *Rücklagen* für Verlustjahre zu schaffen.

Vom Gewinn holt sich allerdings zuvor der Staat einen beträchtlichen, oft den größeren Teil über die *Steuern*. Es ist deshalb auch für die Allgemeinheit wichtig, daß die Unternehmen Gewinne machen.

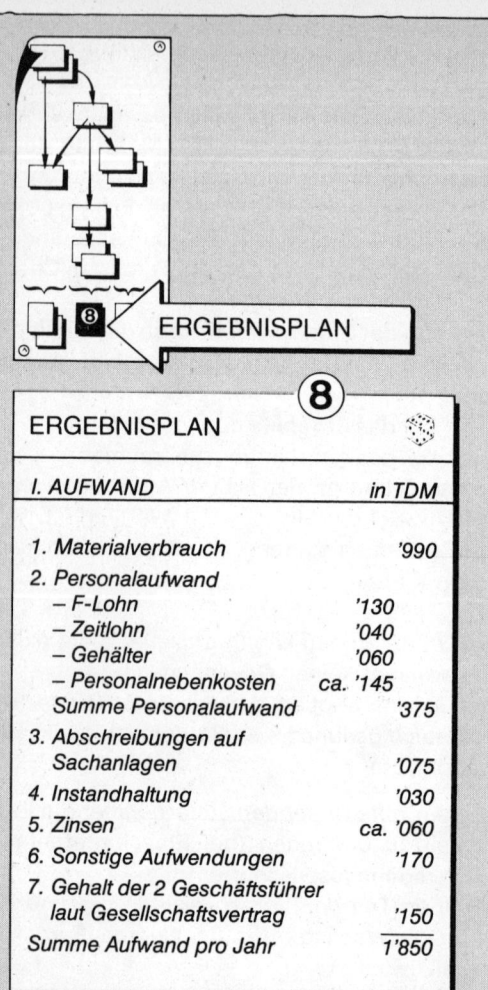

Welche
Aufwendungen
und Erträge werden
entstehen?

ERGEBNISPLAN

ERGEBNISPLAN (8)

I. AUFWAND		in TDM
1. Materialverbrauch		'990
2. Personalaufwand		
– F-Lohn	'130	
– Zeitlohn	'040	
– Gehälter	'060	
– Personalnebenkosten	ca. '145	
Summe Personalaufwand		'375
3. Abschreibungen auf Sachanlagen		'075
4. Instandhaltung		'030
5. Zinsen	ca. '060	
6. Sonstige Aufwendungen		'170
7. Gehalt der 2 Geschäftsführer laut Gesellschaftsvertrag		'150
Summe Aufwand pro Jahr		1'850

II. ERTRAG	
1. Umsatz	1'800
2. Bestandsmehrung bei Erzeugnissen	'150
Summe Ertrag pro Jahr	1'950

Ergebnis vor Steuer (II–I) = Gewinn	'100
Ergebnis nach Steuer	+ '050

Ergebnisplan

Im Ergebnisplan laufen die Zahlen der meisten übrigen Teilpläne zusammen, soweit «erfolgswirksame» Entscheidungen getroffen worden sind. Wie diese Entscheidungen der übrigen Pläne letztlich das Ergebnis bestimmen, soll an dem links abgebildeten Zahlenwerk, das Mr. Moneymaker zusammengestellt hat, deutlich gemacht werden.

Anmerkungen zum Ergebnisplan:

I. AUFWAND

zu 1 *Der Materialverbrauch errechnet sich aus Produktionsmenge × Menge lt. Stückliste × Preis je Einheit für jede Materialart extra, dann addiert (siehe dazu auch Ermittlung des Kapitalbedarfs Seite 96).*

zu 2 *Die Personalkosten werden an Hand der im Personalplan (S. 86) festgelegten Daten ermittelt.*
F-Lohn: Vorgabezeit je Arbeitsgang × Produktionsmenge × Lohn/Minute
Zeitlohn: 2 Arbeiter × Jahresverdienst
Gehälter: 2 Angestellte × Jahresverdienst
Personalnebenkosten: ca. 60 % von Lohn/Gehalt

zu 3 *Die Abschreibungen auf Sachlagen setzen sich zusammen aus*
Abschreibungen auf Gebäude 3 %
Abschreibungen auf Maschinen 10 %
Abschreibungen auf sonst. Einrichtungen 20 %

zu 4 *Als Instandhaltungskosten werden 6 % des Maschinen-Anschaffungswertes angenommen.*

zu 5 *Die Zinsen errechnen sich aus Fremdkapital × Zinssatz (siehe Finanzierungsplan Seite 138).*

zu 6 *Hier wurde für Reisen, Nachrichtenverkehr, Steuern, Gebühren, Beiträge usw. ein geschätzter Betrag eingesetzt.*

zu 7 *Siehe Finanzierung Seite 139.*

II. ERTRAG

zu 1 *Als Verkaufspreis für 1 Stück nimmt Mr. Moneymaker 20,– DM an (vgl. Seite 63).*
zu 2 *Bestandsaufbau bei Erzeugnissen (vgl. Seite 113).*

Ist das geplante
Ergebnis
ausreichend?

EIGENKAPITALRENTABILITÄT

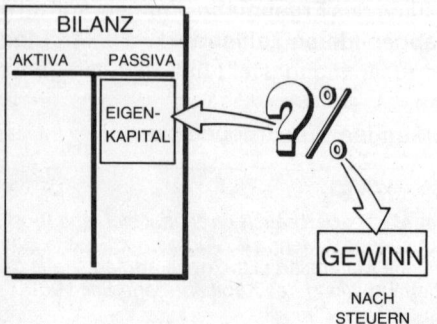

GESAMTKAPITALRENTABILITÄT

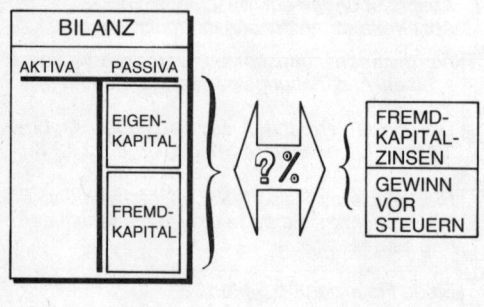

Rentabilität

Wie das Ergebnis eines Unternehmens zu bewerten ist, läßt sich nicht aus der absoluten Zahl ableiten. Wird das Ergebnis aus der Sicht des Kapitalanlegers bewertet, so muß zwischen dem *Kapitaleinsatz* und dem daraus *erwirtschafteten Ergebnis* eine Relation gebildet werden.

Den Eigenkapitalgeber interessiert, wie sich das eingesetzte Eigenkapital verzinst hat. Das wird mit der Kennzahl **Eigenkapitalrentabilität** ausgedrückt (R_{EK}).

Eigenkapital-
rentabilität

$$R_{EK} = \frac{\text{Gewinn nach Steuern}}{\text{eingesetztes Eigenkapital}} \times 100$$

Der Eigenkapitalgeber wird längerfristig eine Verzinsung erwarten, die *über* der des Fremdkapitals liegt; denn zu dem marktüblichen Zins muß ein Risikozuschlag kommen. Der Eigenkapitalgeber erhält ja nichts, wenn das Unternehmen Verlust macht.

Eigenkapital-
rentabilität der
Würfel – GmbH

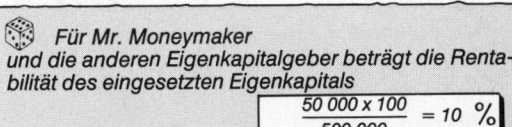

Für Mr. Moneymaker
und die anderen Eigenkapitalgeber beträgt die Rentabilität des eingesetzten Eigenkapitals

$$\frac{50\,000 \times 100}{500\,000} = 10\ \%$$

Mr. Moneymaker ist gerade noch zufrieden. Langfristig wird er eine höhere Rendite anstreben müssen (Risikozuschlag!).

Gesamtkapital-
rentabilität

Für die Unternehmensleitung ist es außerdem interessant zu wissen, wie sich das **Gesamtkapital** verzinst hat, also was je eingesetzte DM erwirtschaftet wurde. In diesem Fall ist gegenüberzustellen:

Gesamtkapital-
rentabilität
der Würfel-GmbH

$$R_{GK} = \frac{\text{Ergebnis vor Steuer} + \text{Zinsen für Fremdkapital}}{\text{Gesamtkapital}} \times 100$$

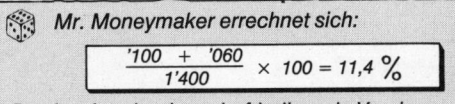

Mr. Moneymaker errechnet sich:

$$\frac{'100 + '060}{1'400} \times 100 = 11,4\ \%$$

Das ist eine durchaus befriedigende Verzinsung.

■ Das Wesentliche kurz gesagt:

Im wirtschaftlichen Leistungsprozeß werden Güter eingesetzt. Als Ergebnis des Leistungsprozesses entstehen neue wirtschaftliche Güter.

Um diesen Leistungsprozeß auf seine Wirtschaftlichkeit hin überprüfen zu können, werden Gütereinsatz und Güterausbringung bewertet und als Aufwand und Ertrag gegenübergestellt.

Ist der Ertrag größer als der Aufwand, so ist Gewinn entstanden. Gewinn ist notwendig, um für schwierige Zeiten vorzusorgen, um das Wachstum eines Unternehmens mitzufinanzieren, den Eigenkapitalgebern eine angemessene Verzinsung und dem mitarbeitenden Unternehmer seine Arbeit honorieren zu können.

Den Eigenkapitalgeber interessiert nicht das absolute Ergebnis, sondern die Rentabilität des von ihm eingesetzten Kapitals.
Die Unternehmensleitung dagegen interessiert, wie sich das gesamte Kapital, das ihr anvertraut worden ist, verzinst hat.

1. Wie nennt man die bewertete Menge an verzehrten Gütern,

   ....

   wie den Wert der erstellten Güter?

   ....

2. Kreuzen Sie an, ob es sich bei den folgenden Posten um Aufwand oder um Ertrag handelt!

	Aufwand	Ertrag
Zinsen	◯	◯
Materialverbrauch	◯	◯
Mehrung der Erzeugnisbestände	◯	◯
Abschreibungen	◯	◯
Umsatz	◯	◯
Instandhaltung	◯	◯

3. Was hat ein Unternehmen erwirtschaftet, wenn der Aufwand größer war als der Ertrag?

   ....

4. Wie nennt man die Relation von erwirtschaftetem Ergebnis zu Kapitaleinsatz?

   ....

5. Welche Kennzahl interessiert den Eigenkapitalgeber besonders?

   ....

155

1. Die bewertete Menge
an verzehrten Gütern nennt man **Aufwand**,
den Wert der erstellten Güter **Ertrag**.

2. Bei den genannten Posten handelt es sich um

	Aufwand	Ertrag
Zinsen	⊗	◯
Materialverbrauch	⊗	◯
Mehrung der Erzeugnisbestände	◯	⊗
Abschreibungen	⊗	◯
Umsatz	◯	⊗
Instandhaltung	⊗	◯

3. Das Unternehmen hat **Verlust** gemacht,
wenn der Aufwand größer ist als sein Ertrag.

4. Die Relation von erwirtschaftetem Ergebnis zu Kapitaleinsatz
nennt man **Rentabilität**.

5. Den Eigenkapitalgeber interessiert besonders die
Eigenkapitalrentabilität.

Kostenrechnung

Da das Ergebnis für ein Unternehmen so wichtig
ist, kann ein Unternehmensleiter nicht darauf
warten, was am Ende der Abrechnungsperiode
herauskommt. Die Vorgänge, die das Ergebnis
positiv oder negativ beeinflussen, müssen sichtbar gemacht werden, um sie beeinflussen zu
können.

Wie kann die Ergebnisentstehung genauer geplant und gesteuert werden?

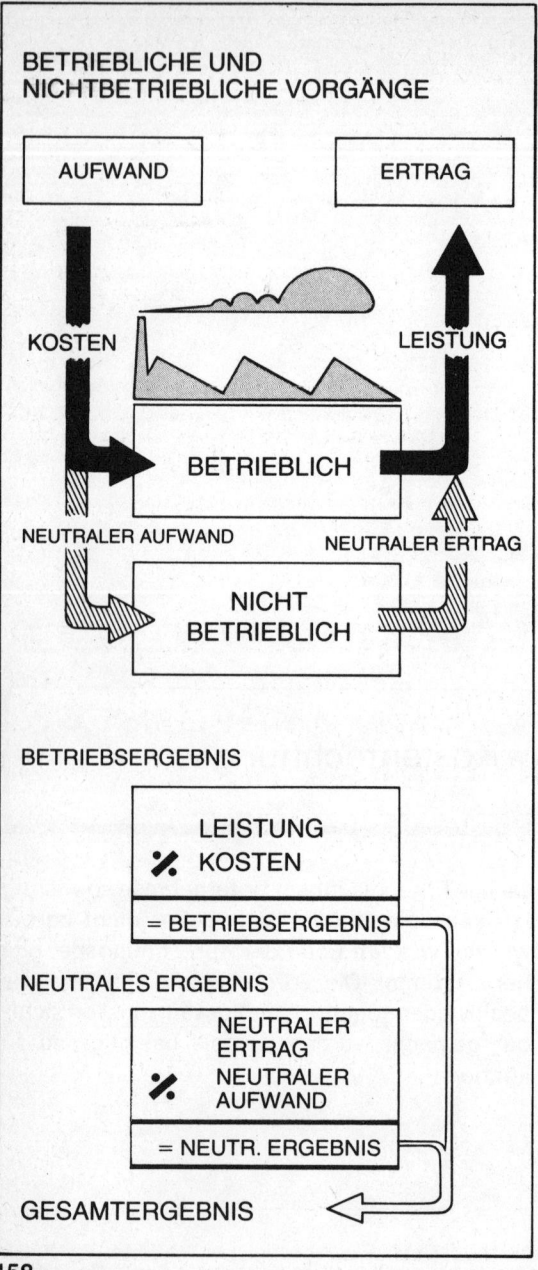

BETRIEBLICHE UND NICHTBETRIEBLICHE VORGÄNGE

AUFWAND

ERTRAG

KOSTEN

LEISTUNG

BETRIEBLICH

NEUTRALER AUFWAND

NEUTRALER ERTRAG

NICHT BETRIEBLICH

BETRIEBSERGEBNIS

LEISTUNG
% KOSTEN

= BETRIEBSERGEBNIS

NEUTRALES ERGEBNIS

NEUTRALER ERTRAG
% NEUTRALER AUFWAND

= NEUTR. ERGEBNIS

GESAMTERGEBNIS

Ergebnisquellen

Um das Ergebnis durchschaubar zu machen, muß der gesamte Prozeß der Ergebnisentstehung zergliedert werden, bis zuletzt die eigentlichen **Ergebnisquellen** – die Produktergebnisse – sichtbar werden. Der erste Schritt ist die Gliederung der Aufwendungen und Erträge in

■ Vorgänge, die durch die *betriebliche* Leistungserstellung verursacht werden (d. h. bei der Erfüllung des Betriebszweckes) und in

■ Vorgänge, die nichts damit zu tun haben.

Den Wertverzehr, der bei Herstellung und Vertrieb der betrieblichen Leistungen entsteht,

Kosten
nennt man **Kosten**,

Leistung
die betrieblichen Erträge **Leistung**.

Die Differenz aus Leistung und Kosten ist das

Betriebsergebnis
Betriebsergebnis.

Die Vorgänge, die nichts mit der betrieblichen Leistungserstellung zu tun haben, werden gekennzeichnet als

Neutrale
Aufwendungen
Neutrale Aufwendungen bzw.

Neutrale Erträge
Neutrale Erträge.

Aus der Differenz errechnet sich das

Neutrales
Ergebnis
Neutrale Ergebnis.

Nun läßt sich erkennen, ob das Unternehmen durch die Erfüllung seiner *betrieblichen Aufgaben* oder durch *andere Vorgänge* (z. B. Verkauf eines Grundstückes) sein Ergebnis erwirtschaftet hat.

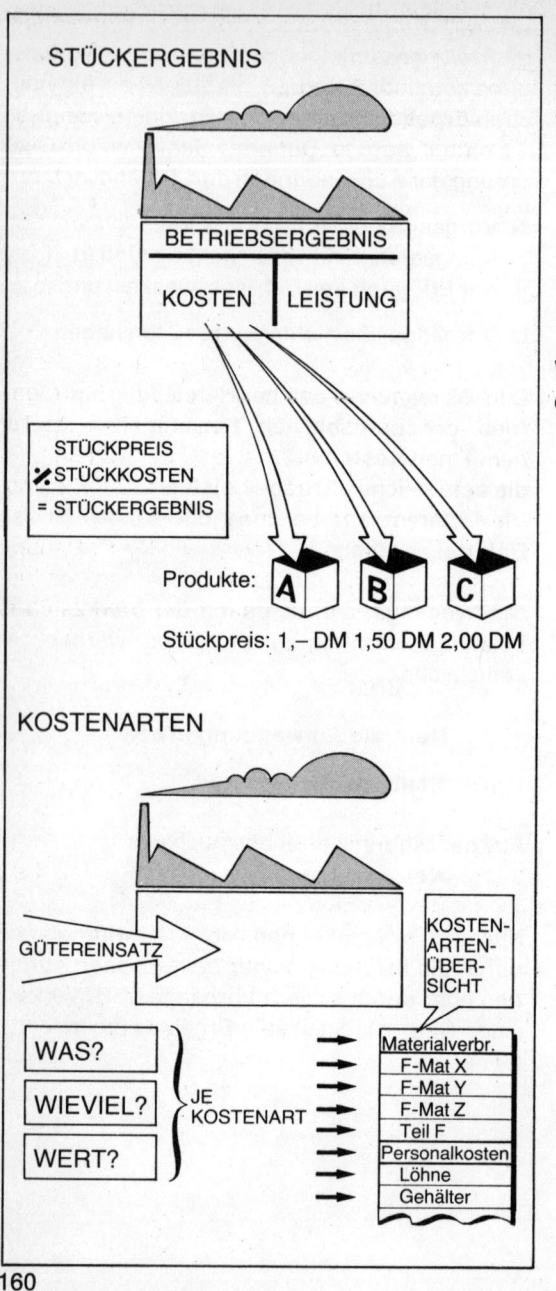

STÜCKERGEBNIS

BETRIEBSERGEBNIS

KOSTEN | LEISTUNG

STÜCKPREIS
✗ STÜCKKOSTEN
= STÜCKERGEBNIS

Produkte: A B C

Stückpreis: 1,– DM 1,50 DM 2,00 DM

KOSTENARTEN

GÜTEREINSATZ

KOSTEN-
ARTEN-
ÜBER-
SICHT

WAS?

WIEVIEL?

WERT?

} JE
KOSTENART

→ Materialverbr.
→ F-Mat X
→ F-Mat Y
→ F-Mat Z
→ Teil F
→ Personalkosten
→ Löhne
→ Gehälter

Wie kann das
Betriebsergebnis
weiter analysiert
werden?

Welche Kosten
entstehen?

Stückergebnis

Das Betriebsergebnis setzt sich zusammen aus den Ergebnissen, die die einzelnen Produktgruppen und Produkte erwirtschaften. Deshalb wird es notwendig sein, das Betriebsergebnis weiter aufzugliedern bis zum Ergebnis, das jedes einzelne Stück bringt, dem **Stückergebnis**.

Das Stückergebnis ist die Differenz zwischen den Kosten, die jedes einzelne Stück verursacht (Stückkosten) und dem Preis, zu dem es verkauft wird (Stückpreis).

Kostenarten-rechnung

Um die Stückkosten zu ermitteln, müssen zuerst alle Kosten genau erfaßt und gegliedert werden. Wenn die Güter im Leistungsprozeß eingesetzt werden, muß zunächst festgehalten werden, **was** (z. B. Kohle, Blech, Arbeitsstunden) und **wieviel** davon eingesetzt wird.

Eingesetzte Menge × Wert ergibt den Kostenbetrag. Damit erhält man eine Aufteilung des betrieblichen Wertverzehrs nach Art der verzehrten Güter, d. h. nach

Kostenarten

Kostenarten.

Manche Kostenarten stehen mit den Produkten in einem unmittelbaren Zusammenhang und lassen sich deshalb dem Produkt *direkt* zuordnen (z. B. Fertigungsmaterial laut Stückliste, Fertigungslöhne laut Arbeitsplan). Diese Kosten werden als **Einzelkosten** bezeichnet.

Einzelkosten

Daneben fallen eine Reihe von Kostenarten an, die mit der Herstellung nicht in so engem Zusammenhang stehen. Es sind Kosten, die im Betrieb ganz *allgemein* anfallen (z. B. Gehälter der Angestellten). Sie werden deshalb als **Gemeinkosten** bezeichnet.

Gemeinkosten

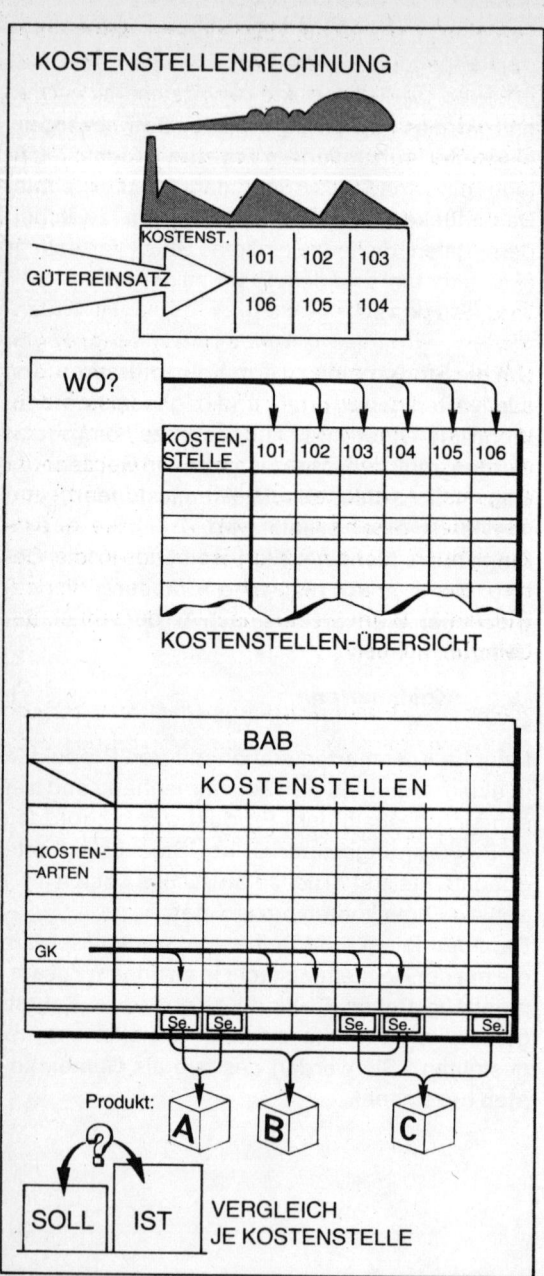

Wie können die Gemeinkosten dem Produkt zugerechnet werden?

Kostenstellen-rechnung

Kostenstellen

Um die *Gemeinkosten (GK)* einigermaßen verursachungsgerecht den Produkten zuordnen zu können, müssen sie auf die Stellen im Betrieb verteilt werden, von denen sie ausgelöst werden. Diese Stellen werden als **Kostenstellen** bezeichnet. Nun können den Produkten die Gemeinkosten einer Kostenstelle je nach Inanspruchnahme zugerechnet werden.

Betriebsabrechnungsbogen (BAB)

Die *Verteilung der Gemeinkosten* auf die Kostenstellen wird im **Betriebsabrechnungsbogen (BAB)** vorgenommen. Die Kosten werden den Kostenstellen zum Teil *direkt* angelastet (z. B. die Abschreibungen für Maschinen der Kostenstelle, in der die Maschine steht; die Gehälter der Angestellten den Kostenstellen, in denen die Angestellten beschäftigt sind). Wo diese direkte Zuordnung nicht möglich ist, müssen die Gemeinkosten *nach einem «Schlüssel»* verteilt werden (z. B. im Verhältnis der Kopfzahlen, der belegten qm usw.).

Wenn alle Gemeinkosten verteilt sind, können die Gemeinkosten je Kostenstelle abgelesen werden.

Der BAB kann nun verwendet werden zur

– Vorgabe und Kontrolle der Gemeinkosten
– Verrechnung der Gemeinkosten auf die Produkte.

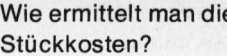

Wie ermittelt man die Stückkosten?

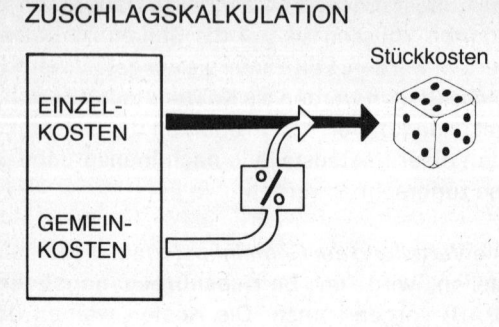

ZUSCHLAGSKALKULATION

Stückkosten

EINZEL-
KOSTEN

%
%

GEMEIN-
KOSTEN

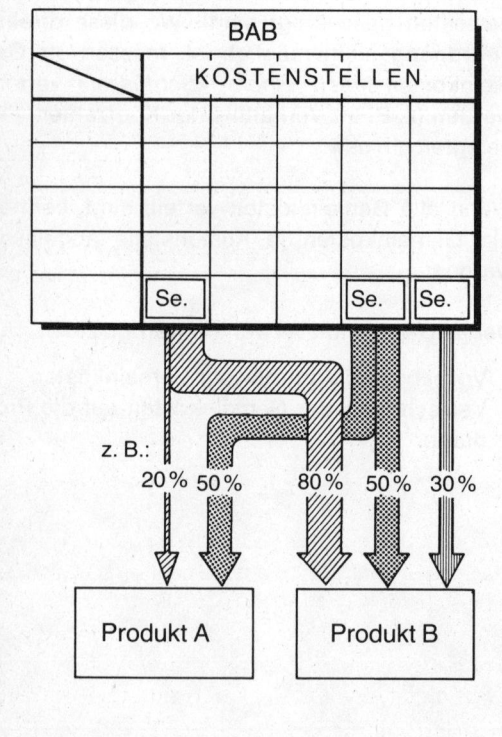

ZUSCHLAGSSÄTZE

BAB

KOSTENSTELLEN

Se. | Se. | Se.

z. B.:
20 % | 50 % | 80 % | 50 % | 30 %

Produkt A

Produkt B

Kostenträger-
stückrechnung

Für die Zuordnung der Kosten auf die **Kostenträger**, das sind die einzelnen Produkte oder Aufträge und – bei Dienstleistungsunternehmen – die einzelne Dienstleistung (z. B. beförderte Kilometer), stehen mehrere Methoden zur Verfügung.

Zuschlags-
kalkulation

Betriebe, die sehr unterschiedliche Produkte herstellen, müssen die **Zuschlagskalkulation** anwenden. Dabei werden die Gemeinkosten den Einzelkosten quasi aufgepackt. Im einfachsten Fall werden alle Gemeinkosten in *einem* Zuschlagssatz auf die Einzelkosten bezogen. Das ist zwar einfach, aber nicht sehr genau.

Ein Beispiel:

Ein Unternehmen stellt «Kugeln» und «Rollen» her. Es fallen an:
Fertigungsmaterialverbrauch

pro Jahr 100 000,– DM
Fertigungslohn 500 000,– DM
─────────
Summe Einzelkosten 600 000,– DM
An Gemeinkosten fallen 1'200 000,– DM an.
Die Gemeinkosten betragen demnach 200 % der Einzelkosten.
Werden für eine Kugel 10,– DM Materialkosten
und 30,– DM Fertigungslohn
─────────
= 40,– DM Einzelkosten
errechnet, so müßten noch 200 % = 80,– DM als Gemeinkosten hinzugerechnet werden. Die Stückkosten sind dann 120,– DM.

Genauer wird dieser Zuschlagssatz, wenn anhand des BAB für die einzelnen Kostenstellen oder Gruppen von Kostenstellen *unterschiedliche* Zuschlagssätze errechnet werden. In der Fertigung kann es notwendig sein, je Arbeitsplatz einen eigenen Zuschlagssatz zu ermitteln.

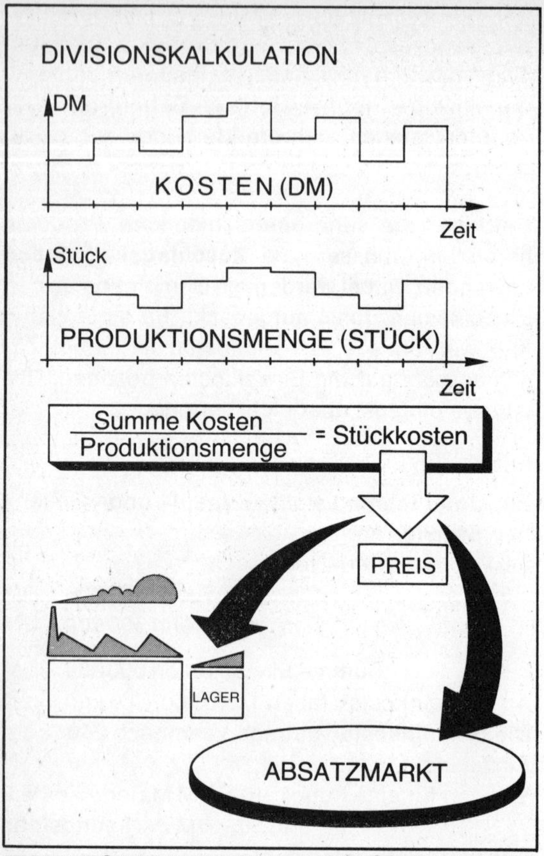

DIVISIONSKALKULATION

DM

KOSTEN (DM)

Zeit

Stück

PRODUKTIONSMENGE (STÜCK)

Zeit

$$\frac{\text{Summe Kosten}}{\text{Produktionsmenge}} = \text{Stückkosten}$$

PREIS

LAGER

ABSATZMARKT

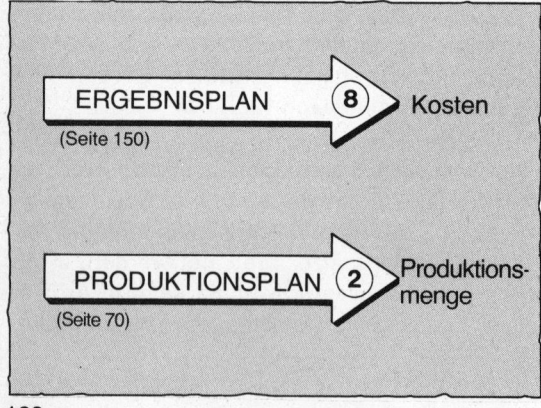

ERGEBNISPLAN **8** Kosten
(Seite 150)

PRODUKTIONSPLAN **2** Produktions- menge
(Seite 70)

166

**Divisions-
kalkulation**

Betriebe, die nur ein Produkt oder eine Produkt-
gruppe herstellen, können ein einfacheres Verfahren wählen. *Dividiert* man die gesamten Kosten eines Zeitraumes durch die in diesem Zeitraum hergestellten Produktionsmengen, so ergeben sich die Kosten je Stück (bzw. je m, qm, l).

**Zweck der
Stückkosten-
rechnung**

Die Stückkosten werden benötigt, um

■ Preisvorstellungen zu gewinnen (Angebots-
preis)
■ Marktpreise daraufhin zu prüfen, ob sie die
Kosten decken,
■ Erzeugnisse im Lager zu bewerten.

**Stückkosten-
rechnung
der Würfel-GmbH**

*Im Betrieb des Mr. Moneymaker
wird nur ein Produkt hergestellt. Die Stückkosten lassen sich demnach mit der Divisionskalkulation ermitteln. Da Mr. Moneymaker im Ergebnisplan keine betriebsfremden
Aufwendungen geplant hat, lassen sich in
diesem Fall Aufwendungen und Kosten
gleichsetzen.*

*Die geplanten Stückkosten je Würfel errech-
nen sich aus:*

$$\boxed{\text{aus } 8} \frac{\text{Summe Kosten}}{\boxed{\text{aus } 2} \text{ Produktionsmenge}} = \frac{1'850\,000,- \text{ DM}}{100\,000 \text{ Stück}} = 18,50 \text{ DM}$$

*Hieraus leitet Mr. Moneymaker seine Preis-
vorstellung von 20,– DM ab. Erst jetzt kann
eigentlich der Umsatzplan gemacht werden.
Auch die genaue Bewertung der Erzeugnisbestände ist erst nach Kenntnis der Kosten
möglich.*

■ Das Wesentliche kurz gesagt:

Die Unternehmensleitung interessiert, ob das Ergebnis durch die betriebliche Leistungserstellung entstanden ist oder durch Vorgänge, die mit der eigentlichen Leistungserstellung nichts zu tun haben.

Deshalb wird das Ergebnis in das Betriebsergebnis und das Neutrale Ergebnis gegliedert.

Das Betriebsergebnis setzt sich aus den Ergebnissen der einzelnen Produkte zusammen. Deshalb interessiert weiterhin das Ergebnis, das jedes einzelne Produkt erwirtschaftet.

Um zu erfahren, welches Ergebnis jedes Produkt bringt, müssen alle anfallenden Kosten ihrer Art nach erfaßt (Kostenartenrechnung), den Kosten verursachenden Stellen im Betrieb zugeordnet (Kostenstellenrechnung) und dem jeweiligen Produkt verursachungsgerecht zugeteilt werden (Kostenträgerstückrechnung).

1. Durch welche Maßnahme läßt sich deutlich machen, ob das Unternehmen sein Ergebnis durch die Erfüllung der betrieblichen Aufgabe oder durch andere Vorgänge erwirtschaftet hat?

   ....

2. Wie läßt sich das Ergebnis für ein einzelnes Stück errechnen? Ergänzen Sie die Rechnung!

   Stückergebnis = ... **∕.** ....

3. Welche der folgenden Kostenarten werden dem Produkt direkt als Einzelkosten zugerechnet?

   Fertigungsmaterial ◯   Fertigungslöhne ◯

   Heizkosten ◯   Gehälter ◯

4. Welche Aussagen treffen auf *Gemeinkosten* zu?

   die Verteilung der Kosten auf Kostenstellen wird im BAB vorgenommen ◯

   ein Teil der Kosten wird den Kostenstellen direkt zugeordnet ◯

   ein Teil der Kosten wird den Kostenstellen über einen Verteilungsschlüssel zugeordnet ◯

   die gesamten Gemeinkosten werden direkt auf das Produkt verrechnet ◯

5. Welches Kalkulationsverfahren wird ein Unternehmen anwenden, das

   a) 30 ganz verschiedene Produkte herstellt ....

   b) nur ein Produkt herstellt ....

1. Durch **Aufteilung des Ergebnisses in Betriebsergebnis und Neutrales Ergebnis** läßt sich erkennen, ob das Unternehmen sein Ergebnis durch die Erfüllung der betrieblichen Aufgabe erwirtschaftet hat oder durch andere Vorgänge.

2.

Stückergebnis = **Stückpreis ·/· Stückkosten**

3. Einzelkosten sind:

Fertigungsmaterial   Fertigungslöhne

4. Folgende Aussagen treffen auf die Gemeinkosten zu:

die Verteilung der Kosten auf Kostenstellen wird im BAB vorgenommen

ein Teil der Kosten wird den Kostenstellen direkt zugeordnet

ein Teil der Kosten wird den Kostenstellen über einen Verteilungsschlüssel zugeordnet

5.

  a) **Zuschlagskalkulation**

  b) **Divisionskalkulation**

6. Worin liegt der Zweck der Kostenträgerstückrechnung?

Marktpreise daraufhin zu prüfen, ob sie
die Kosten decken   ◯

Gemeinkosten den Kostenstellen zuzu-
rechnen   ◯

Preisvorstellung zu gewinnen   ◯

Erzeugnisse im Lager zu bewerten   ◯

Aufgliederung nach Kostenarten zu erreichen   ◯

7. Angenommen, Mr. Moneymaker erhöht die durchschnittliche Produktionsmenge von 100 000 auf 200 000 Würfel,
wobei sich die gesamten Kosten
von DM 1'850 000,– auf DM 3'000 000,– erhöhen.

Wie hoch sind dann die Stückkosten je Würfel?

_____ = ...DM

6. Der Zweck der Kostenträgerstückrechnung liegt darin,

> Marktpreise daraufhin zu prüfen, ob sie die Kosten decken

>

> Preisvorstellung zu gewinnen

> Erzeugnisse im Lager zu bewerten

> ◯

7. Die Stückkosten je Würfel errechnen sich aus

$$\frac{\text{Summe der Kosten}}{\text{Produktionsmenge}} = \frac{3'000\,000,-}{200\,000} = 15,- \text{DM}$$

Bilanz

Ein Unternehmen braucht, um arbeiten zu können, einen bestimmten Bestand an Mitteln. Selbstverständlich wird es die Unternehmensleitung immer interessieren, welcher Bestand an Mitteln im Unternehmen eingesetzt wird. Abzulesen ist der Mittelbestand in der **Bilanz** (Bilanzsumme).

Was geht in die Bilanz ein?

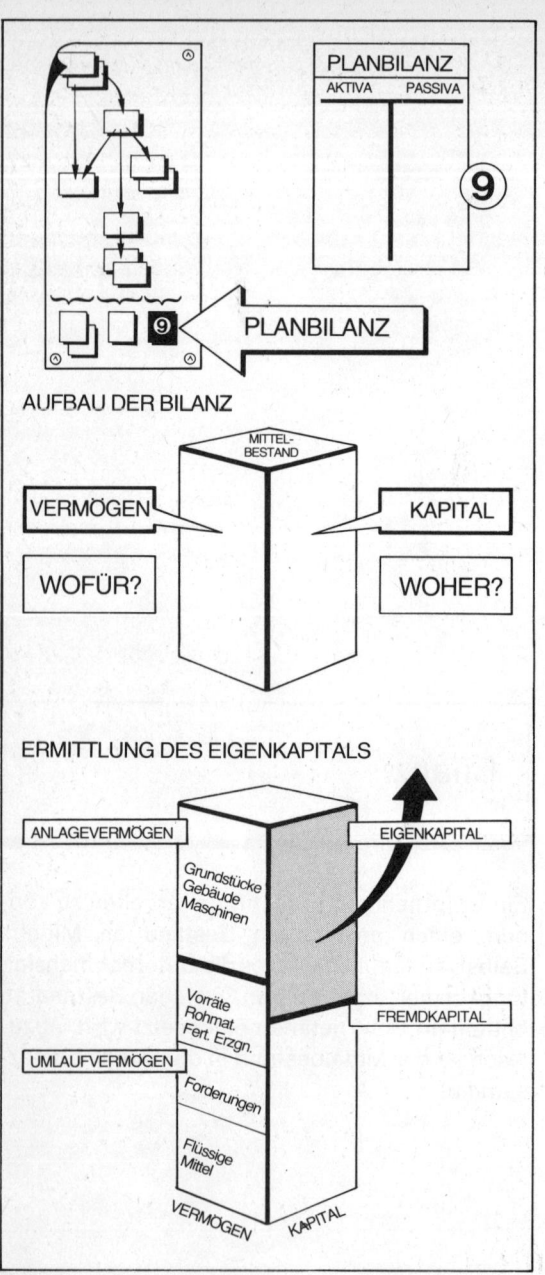

PLANBILANZ

AKTIVA   PASSIVA

⑨

PLANBILANZ

AUFBAU DER BILANZ

MITTEL-BESTAND

VERMÖGEN   KAPITAL

WOFÜR?   WOHER?

Wie kommt man zu den Bilanzzahlen?

ERMITTLUNG DES EIGENKAPITALS

ANLAGEVERMÖGEN   EIGENKAPITAL

Grundstücke
Gebäude
Maschinen

Vorräte
Rohmat.
Fert. Erzgn.   FREMDKAPITAL

UMLAUFVERMÖGEN

Forderungen

Flüssige
Mittel

VERMÖGEN   KAPITAL

Aufbau der Bilanz AKTIVA	Die Bilanz zeigt auf der *linken* Seite, der **Aktivseite**, die Art der *Verwendung der Mittel*. Die Mittel können in verschiedenen Vermögensformen gebunden sein (z. B. Grundstücke, Gebäude, Maschinen, Vorräte, Forderungen, flüssige Mittel). Die Aktivseite der Bilanz zeigt also die Höhe und die Struktur des Vermögens, d. h., die Höhe der einzelnen Vermögenspositionen.
PASSIVA	Auf der *rechten* Seite, der **Passivseite**, wird die *Herkunft der Mittel* aufgeführt (= Kapital).

Da die Bilanz nur die Gliederung des Mittelbestandes nach zwei verschiedenen Gesichtspunkten zeigt, müssen logischerweise beide Seiten **immer gleich groß** sein, denn alles, was ein Unternehmen an Mitteln hat, muß auch irgendwo herkommen.

Inventur Am Ende eines Geschäftsjahres werden bei der **Inventur** im Unternehmen alle vorhandenen Vermögensgegenstände körperlich aufgenommen und dann bewertet. Dadurch ergeben sich die Vermögenspositionen, wie sie zu einem *bestimmten Zeitpunkt* (Bilanzstichtag) vorhanden sind.

In gleicher Weise sind die Schulden aufzunehmen, die das Unternehmen am Bilanzstichtag hat (= Fremdkapital).

Ermittlung des Eigenkapitals Werden vom Vermögen die Schulden abgezogen, so bleibt als Rest das **Eigenkapital** übrig; alles, was nicht von Fremden stammt, muß den Eignern des Unternehmens zustehen.

Dieser Schluß ist wichtig, er zeigt, daß das, was für die Anteilseigner zur Verfügung steht, als *Rest* zu betrachten ist. Die Ansprüche der Fremden gehen vor. Das zeigt sich im besonderen Fall des Konkurses: Von dem, was an liquidiertem Vermögen zur Verfügung steht, werden erst die Gläubiger bedient. Für die Anteilseigner bleibt meist nichts mehr.

ERMITTLUNG DES ERFOLGS

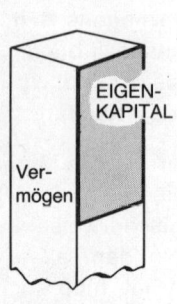

EIGEN-KAPITAL

GEWINN

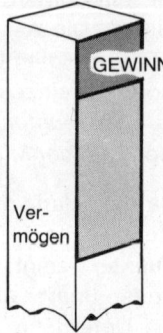

Ver-mögen

Ver-mögen

Anfang des
Geschäftsjahres

Ende des
Geschäftsjahres

GEWINNAUSSCHÜTTUNG

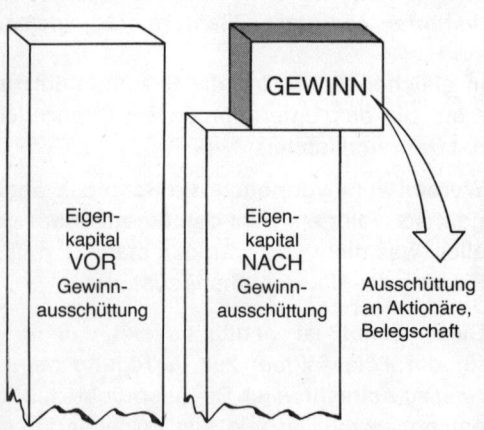

GEWINN

Eigen-kapital
VOR
Gewinn-ausschüttung

Eigen-kapital
NACH
Gewinn-ausschüttung

Ausschüttung
an Aktionäre,
Belegschaft

Wie oft sollte
eine Bilanz
zweckmäßigerweise
gemacht werden?

Die Größe «Eigenkapital» zeigt also an, wieviel von dem Gesamtvermögen den Eigentümern des Unternehmens zusteht. Wächst das Eigenkapital durch die *Geschäftstätigkeit* (und nicht aus den Einzahlungen der Anteilseigner), so haben die Anteilseigner etwas dazugewonnen. Das Unternehmen hat **Gewinn** gemacht.

Ermittlung des Erfolgs

Den Erfolg ermittelt man also durch *Vergleich des Eigenkapitals* am Anfang mit dem am Ende einer Geschäftsperiode (bereinigt um Eigenkapitalzuführung oder -entnahme durch Anteilseigner).

Gewinn-
ausschüttung

Die Eigenkapitalmehrung kann ausgeschüttet werden (Auszahlung des Gewinnes), dann ist der ursprüngliche Zustand wiederhergestellt. Dazu muß Geld aus der Kasse entnommen werden. Das Vermögen sinkt um diesen Betrag und natürlich auch das Eigenkapital.

Einbehalten von Gewinn

Wird der Gewinn nicht ausgeschüttet, so kann das Unternehmen mit dem vergrößerten Eigenkapital weiterarbeiten.

Bilanzierungs-
zeitpunkte

Nach dem Handelsgesetzbuch muß jeder Kaufmann *am Jahresende* eine Bilanz machen. Zur Steuerung des Unternehmens würde das nicht ausreichen. Deshalb machen viele Unternehmen für eigene Zwecke während des Jahres öfters eine Bilanz und eine Erfolgsrechnung (z. B. jeden Monat, jedes Quartal).

Dabei wäre es zeitraubend und aufwendig, wenn jedesmal eine große Inventur gemacht würde. Deshalb werden die Bilanzpositionen einzeln *fortgeschrieben*, so daß sich die jeweiligen Endbestände rechnerisch in «den Büchern» ermitteln lassen.

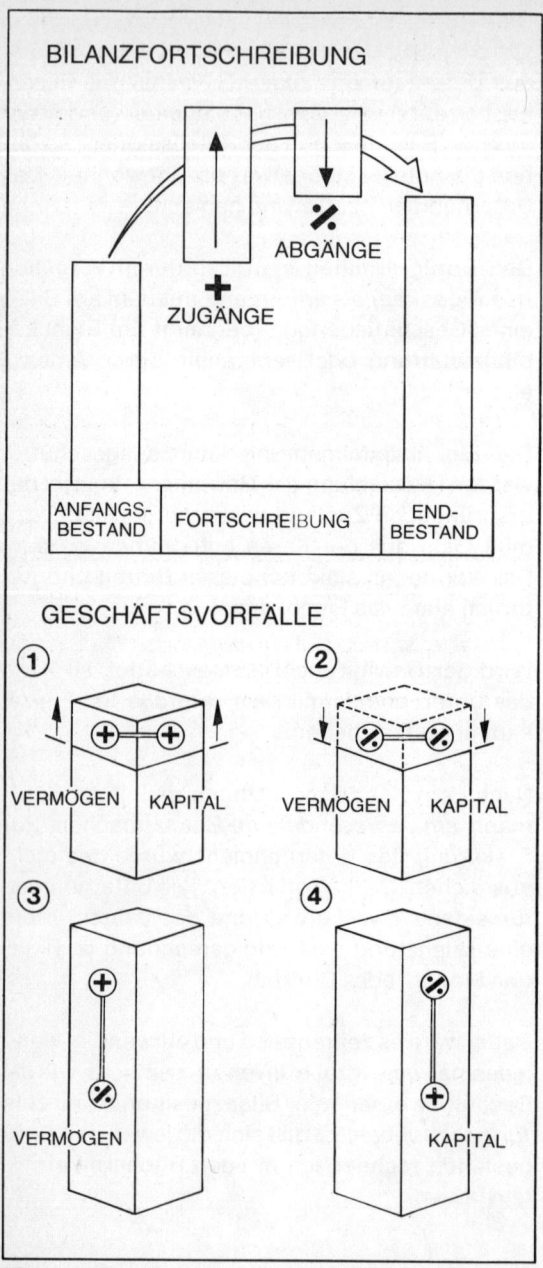

BILANZFORTSCHREIBUNG

Wie werden die Bilanzzahlen fortgeschrieben?

ABGÄNGE

+ ZUGÄNGE

| ANFANGS-BESTAND | FORTSCHREIBUNG | END-BESTAND |

GESCHÄFTSVORFÄLLE

① ⊕ ⊕ VERMÖGEN KAPITAL

② ⊘ ⊘ VERMÖGEN KAPITAL

③ ⊕ ⊘ VERMÖGEN

④ ⊘ ⊕ KAPITAL

**Bilanz-
fortschreibung**

Die Fortschreibung der Bilanzposten besteht darin, daß zu dem **Anfangsbestand** (=Endbestand des Vorjahres) alle *Zugänge hinzugezählt* und die *Abgänge abgezogen* werden. Daraus ergibt sich der **Endbestand**. Alle Geschäftsvorfälle sind daraufhin zu prüfen, ob sich eine Bilanzposition verändert und in welcher Weise (Vermehrung, Verminderung).

**Wirkung von
Geschäftsvorfällen**

Es gibt 4 Kategorien von Geschäftsvorfällen: (siehe dazu Abbildung «Geschäftsvorfälle»)

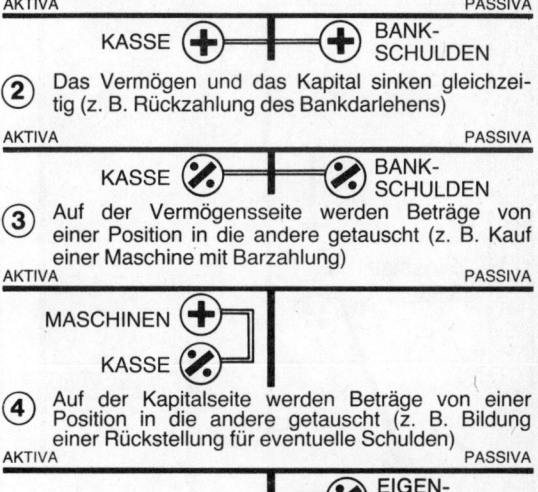

① Das Vermögen und das Kapital werden gleichzeitig erhöht (z. B. Aufnahme eines Bankdarlehens in bar)

AKTIVA   PASSIVA

KASSE ⊕ —— ⊕ BANK-SCHULDEN

② Das Vermögen und das Kapital sinken gleichzeitig (z. B. Rückzahlung des Bankdarlehens)

AKTIVA   PASSIVA

KASSE ⊘ —— ⊘ BANK-SCHULDEN

③ Auf der Vermögensseite werden Beträge von einer Position in die andere getauscht (z. B. Kauf einer Maschine mit Barzahlung)

AKTIVA   PASSIVA

MASCHINEN ⊕
KASSE ⊘

④ Auf der Kapitalseite werden Beträge von einer Position in die andere getauscht (z. B. Bildung einer Rückstellung für eventuelle Schulden)

AKTIVA   PASSIVA

⊘ EIGEN-KAPITAL
⊕ FREMD-KAPITAL

Alle Vorgänge haben *immer eine zweifache Auswirkung*; das liegt daran, daß die Bilanz eine **zweidimensionale Darstellung** ist.
Besonders ist auf die Unterscheidung in
■ *erfolgswirksame* und
■ *nicht erfolgswirksame* Vorgänge
zu achten.

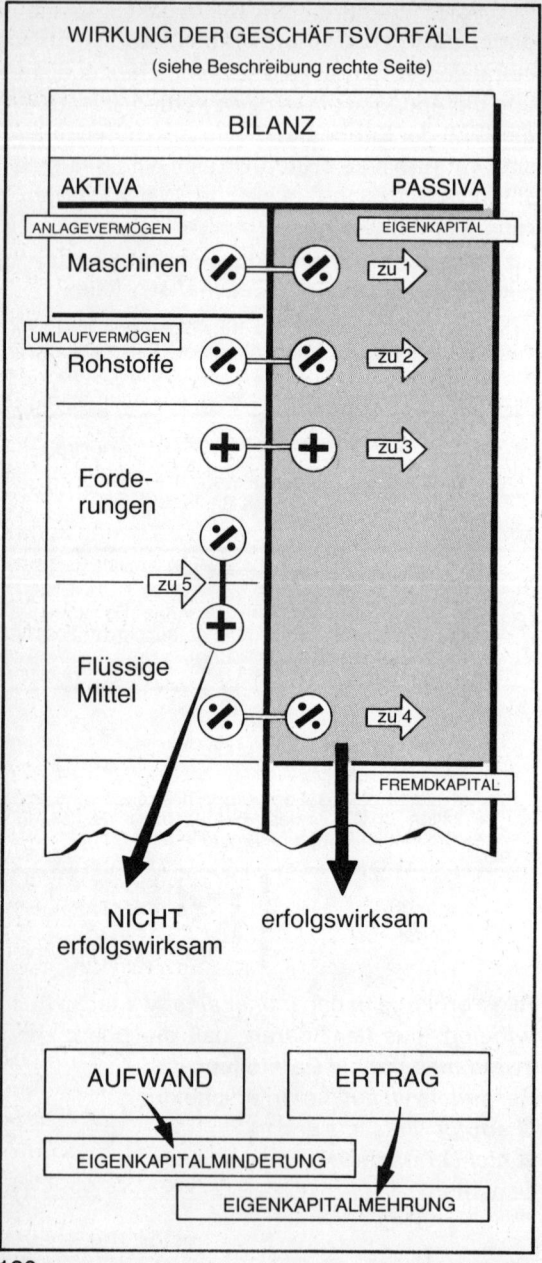

WIRKUNG DER GESCHÄFTSVORFÄLLE
(siehe Beschreibung rechte Seite)

BILANZ

AKTIVA   PASSIVA

ANLAGEVERMÖGEN   EIGENKAPITAL

Maschinen % — %   zu 1

UMLAUFVERMÖGEN

Rohstoffe % — %   zu 2

+ — +   zu 3

Forde-
rungen
           %
zu 5 —
           +

Flüssige
Mittel
           % — %   zu 4

                         FREMDKAPITAL

NICHT   erfolgswirksam
erfolgswirksam

AUFWAND   ERTRAG

EIGENKAPITALMINDERUNG

          EIGENKAPITALMEHRUNG

Welche Vorgänge
wirken sich auf das
Eigenkapital aus?

180

Es wurde bereits gesagt, daß die Veränderung des Eigenkapitals den *Erfolg des Unternehmens* anzeigt, d. h. alle Vorgänge, die mit ☐+☐ oder ☐%☐ das Eigenkapital betreffen, sind daraufhin zu prüfen, ob es sich
– um Einzahlungen/Entnahmen von Anteilseignern
– oder um andere Vorgänge handelt.

erfolgswirksame Vorgänge

Letztere sind alle *erfolgswirksam*; sie verbessern oder verschlechtern durch ihre Wirkung das Ergebnis. Soweit sie das Eigenkapital vermindern, sind sie **Aufwendungen**; erhöhen sie das Eigenkapital, sind sie **Erträge**.

Aufwand wurde als «Wertverzehr» definiert. Genauer müßte gesagt werden, es ist der Wertverzehr, der *zu Lasten des Eigenkapitals* geht.

Die Wirkungen der folgenden Geschäftsvorfälle auf das Eigenkapital bzw. auf das Vermögen des Unternehmens sind in der gegenüberliegenden Abbildung dargestellt:

1. Wertverzehr bei Maschinen (=Abschreibung)
2. Verbrauch von Material
3. Rechnung für Verkauf von Erzeugnissen (Forderungen)
4. Zahlung von Löhnen in bar
5. Zahlung des Kunden

Die Erfolgsrechnung ist demnach nichts anderes als die *Fortschreibung des Eigenkapitals*. Jede Aufwandsart führt auf der Vermögensseite zu einer Verminderung einer Vermögensposition, jede Ertragsart führt zu einer Erhöhung. Sind die Erträge höher als die Aufwendungen, dann muß das Eigenkapital um die Differenz angestiegen sein. Diese Differenz ist der *Gewinn* des Unternehmens. Die im Beispiel unter Punkt 5 aufgeführte Zahlung des Kunden führt nur zu einem Aktivtausch. Der Vorgang ist nicht erfolgswirksam; erfolgswirksam war z. B. der Zugang der Forderungen (Vermögensmehrung), im obigen Beispiel Punkt 3.

Welche Vorgänge
berühren die Bilanz?

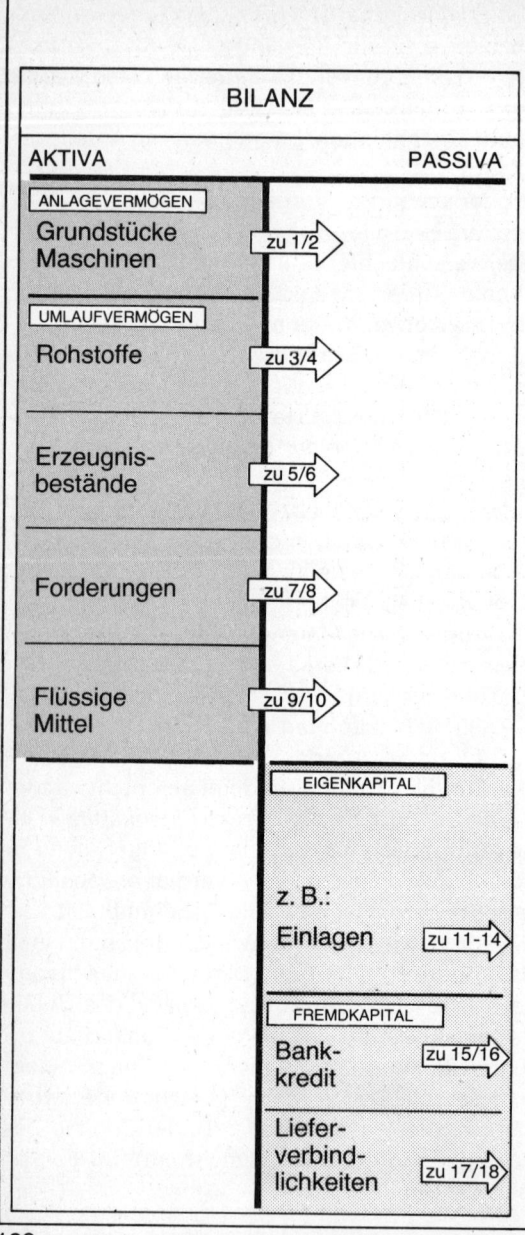

BILANZ

AKTIVA   PASSIVA

ANLAGEVERMÖGEN
Grundstücke
Maschinen   zu 1/2

UMLAUFVERMÖGEN
Rohstoffe   zu 3/4

Erzeugnis-
bestände   zu 5/6

Forderungen   zu 7/8

Flüssige
Mittel   zu 9/10

                      EIGENKAPITAL

                      z. B.:
                      Einlagen   zu 11-14

                      FREMDKAPITAL
                      Bank-
                      kredit   zu 15/16

                      Liefer-
                      verbind-
                      lichkeiten   zu 17/18

Bilanz-wirksamkeit

Für jede Bilanzposition gibt es typische Plus- und Minus-Vorgänge. Sie sollen im Zusammenhang dargestellt werden. Es ist daran zu erinnern, daß jeder der hier dargestellten Auswirkungen eine zweite in einer anderen Bilanzposition zugeordnet werden muß.

1	**+**	Anschaffungen von Anlagen (Investitionen)
2	**%**	Abschreibungen Ausschlachtung (Verschrottung)
3	**+**	Lieferungen der Lieferanten
4	**%**	Verbrauch für die Fertigung
5	**+**	Bestandsmehrung (Produktion größer als Verkauf)
6	**%**	Bestandsminderung (Produktion kleiner als Verkauf)
7	**+**	Umsätze (Rechnungen an Kunden)
8	**%**	Zahlungen der Kunden = Rückgang von Forderungen
9	**+**	Einnahmen
10	**%**	Ausgaben
11	**+**	Einzahlungen von Anteilseignern
12	**%**	Entnahme von Anteilseignern
13	**+**	Ertrag
14	**%**	Aufwand
15	**+**	Kreditaufnahme
16	**%**	Kreditrückzahlung
17	**+**	Lieferungen der Lieferanten
18	**%**	Zahlungen an Lieferanten = Rückgang von Verbindlichkeiten

Wie sieht die
Planbilanz aus?

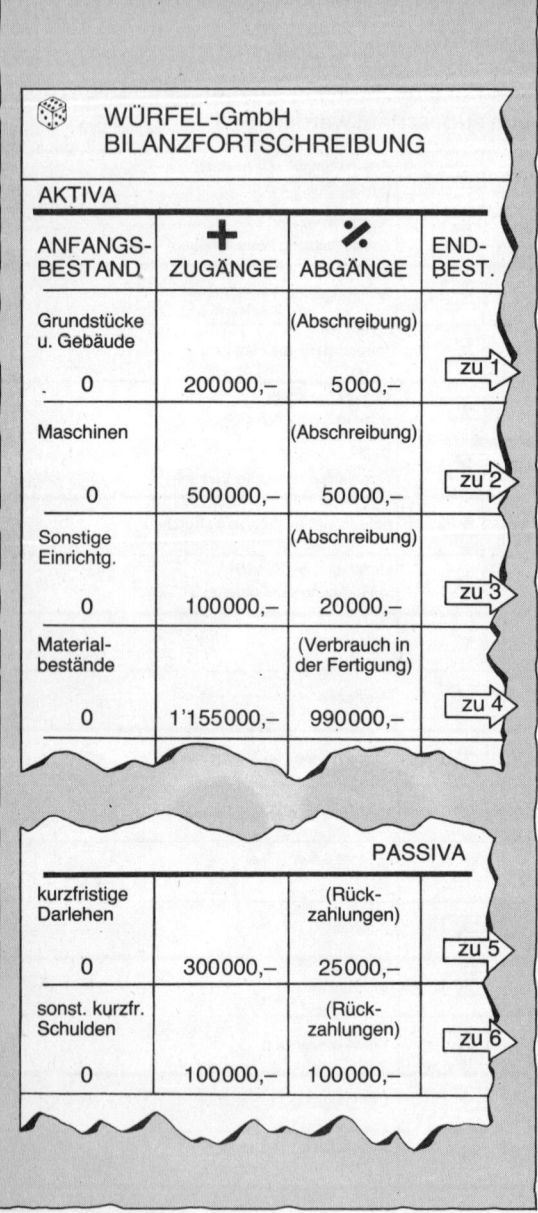

WÜRFEL-GmbH
BILANZFORTSCHREIBUNG

AKTIVA

ANFANGS-BESTAND	**+** ZUGÄNGE	**%** ABGÄNGE	END-BEST.
Grundstücke u. Gebäude		(Abschreibung)	
0	200000,–	5000,–	zu 1
Maschinen		(Abschreibung)	
0	500000,–	50000,–	zu 2
Sonstige Einrichtg.		(Abschreibung)	
0	100000,–	20000,–	zu 3
Material-bestände		(Verbrauch in der Fertigung)	
0	1'155000,–	990000,–	zu 4

PASSIVA

kurzfristige Darlehen		(Rück-zahlungen)	
0	300000,–	25000,–	zu 5
sonst. kurzfr. Schulden		(Rück-zahlungen)	
0	100000,–	100000,–	zu 6

**Planbilanz
der Würfel-GmbH**

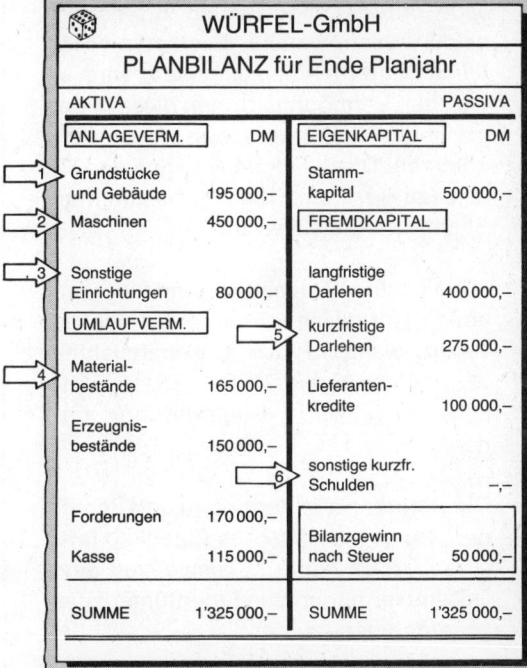

*Unter Berücksichtigung der auf der linken Seite ab-
bebildeten Bilanzfortschreibung ergibt sich für Mr.
Moneymaker folgende Planbilanz:*

⚅ WÜRFEL-GmbH

PLANBILANZ für Ende Planjahr

AKTIVA		PASSIVA	
ANLAGEVERM.	DM	EIGENKAPITAL	DM
Grundstücke und Gebäude	195 000,–	Stammkapital	500 000,–
Maschinen	450 000,–	FREMDKAPITAL	
Sonstige Einrichtungen	80 000,–	langfristige Darlehen	400 000,–
UMLAUFVERM.		kurzfristige Darlehen	275 000,–
Materialbestände	165 000,–	Lieferantenkredite	100 000,–
Erzeugnisbestände	150 000,–		
		sonstige kurzfr. Schulden	–,–
Forderungen	170 000,–		
Kasse	115 000,–	Bilanzgewinn nach Steuer	50 000,–
SUMME	1'325 000,–	SUMME	1'325 000,–

*Die in der Bilanzfortschreibung nicht aufgeführten
Bilanzpositionen haben sich während des Abrech-
nungszeitraumes nicht verändert.
Im Finanzplan (Seite 139) war ein gesamter Ka-
pitalbedarf von 1'400 000,– DM errechnet worden,
während die Planbilanz am Ende des Jahres eine
Bilanzsumme von nur 1'325 000,– DM ausweist.
Der Grund hierfür ist, daß das Vermögen (AKTIVA)
des Unternehmens durch Abschreibungen an Wert
verloren hat und daß das Kapital (PASSIVA) durch
Rückzahlung von Verbindlichkeiten während des
Planjahres gemindert worden ist.*

■ Das Wesentliche kurz gesagt:

Jede Unternehmensleitung interessiert es zu wissen, welcher Bestand an Mitteln im Unternehmen eingesetzt wird, in welchen Vermögensformen diese Mittel gebunden sind und wo diese Mittel herkommen. Diese Fakten sind aus der Bilanz zu ersehen, die zu bestimmten Stichtagen erstellt wird.

Die einzelnen Bilanzpositionen werden laufend fortgeschrieben, so daß sich die Bilanz während des Geschäftsjahres rechnerisch ermitteln läßt. Diese Fortschreibung wird «Buchführung» genannt.

Die Differenz aus Vermögen und Schulden ergibt die Höhe des Eigenkapitals. Diese Größe zeigt an, wieviel von dem Gesamtvermögen den Eigentümern des Unternehmens zusteht.

Hat eine Mehrung des Eigenkapitals stattgefunden, so ist Gewinn entstanden, sofern die Erhöhung nicht aus der Aufstockung der Anteilseigner stammt.

1. Warum muß die Summe einer Bilanz auf der Aktivseite genau so hoch sein wie auf der Passivseite?

      weil die Aktivseite aufzeigt,
      wie das Vermögen aufgegliedert ist und ◯
      die Passivseite, wie das dafür
      erforderliche Kapital aufgebracht worden ist

      weil die Bilanz nur die Gliederung
      der Mittel nach zwei verschiedenen ◯
      Gesichtspunkten darstellt

2. Welche Größe erhält man, wenn man vom Vermögen eines Unternehmens dessen Schulden abzieht?

....

3. Wann hat das Unternehmen Gewinn gemacht?

      wenn das Eigenkapital
      durch die Geschäftstätigkeit gewachsen ist ◯

      wenn das Eigenkapital durch Einzahlung
      der Anteilseigner gewachsen ist ◯

      wenn das Fremdkapital gewachsen ist ◯

      wenn die Summe der Erträge größer ist
      als die Summe der Aufwendungen ◯

1. Die Bilanzsumme muß auf beiden Seiten gleich hoch sein,

       weil die Aktivseite aufzeigt,
       wie das Vermögen aufgegliedert ist und
       die Passivseite, wie das dafür
       erforderliche Kapital aufgebracht worden ist

       weil die Bilanz nur die Gliederung
       der Mittel nach zwei verschiedenen
       Gesichtspunkten darstellt

2. Wenn man vom Vermögen eines Unternehmens dessen Schulden abzieht, erhält man das **Eigenkapital**.

3. Das Unternehmen hat Gewinn gemacht,
       wenn das Eigenkapital
       durch die Geschäftstätigkeit gewachsen ist

       wenn die Summe der Erträge größer ist
       als die Summe der Aufwendungen

Schlußbemerkung

Mit der Zusammenstellung der Planbilanz ist die Unternehmensplanung abgeschlossen. Es ist noch keine der in den Plänen zugrundegelegten Entscheidungen in die Tat umgesetzt worden. Das wäre nun zu tun, wenn die Ergebnisse der Planung zufriedenstellen. Der Phase der Entscheidung, die zu den Vorgabeplänen geführt hat, muß die Phase der Realisation folgen. Dabei wird sich zeigen, ob die in der Planung gemachten Annahmen (z. B. verkaufte Menge) zutreffen oder nicht. Die laufende Feststellung des «Ist» und der Vergleich mit dem «Soll» wird eine Menge von neuen Entscheidungen auslösen. Die Art der erforderlichen Entscheidungen wird in vielen Fällen den beschriebenen entsprechen. Das Prinzip, daß bei betriebswirtschaftlichen Entscheidungen zu den Daten der jeweiligen Situation eine Fülle von Hintergrundwissen über die Möglichkeiten und Wirkungen der Problemlösungen nötig ist, wird sich immer wieder bestätigen.

Der dargestellte Planungsprozeß sollte einen roten Faden durch die Fülle der betriebswirtschaftlichen Themen legen. Es sollte deutlicher werden, wo die betriebswirtschaftlichen Probleme angesiedelt sind und in welchem Zusammenhang sie stehen.

Auf den beiden folgenden Seiten wird die Gesamtplanung von Mr. Moneymaker noch einmal im Zusammenhang dargestellt.

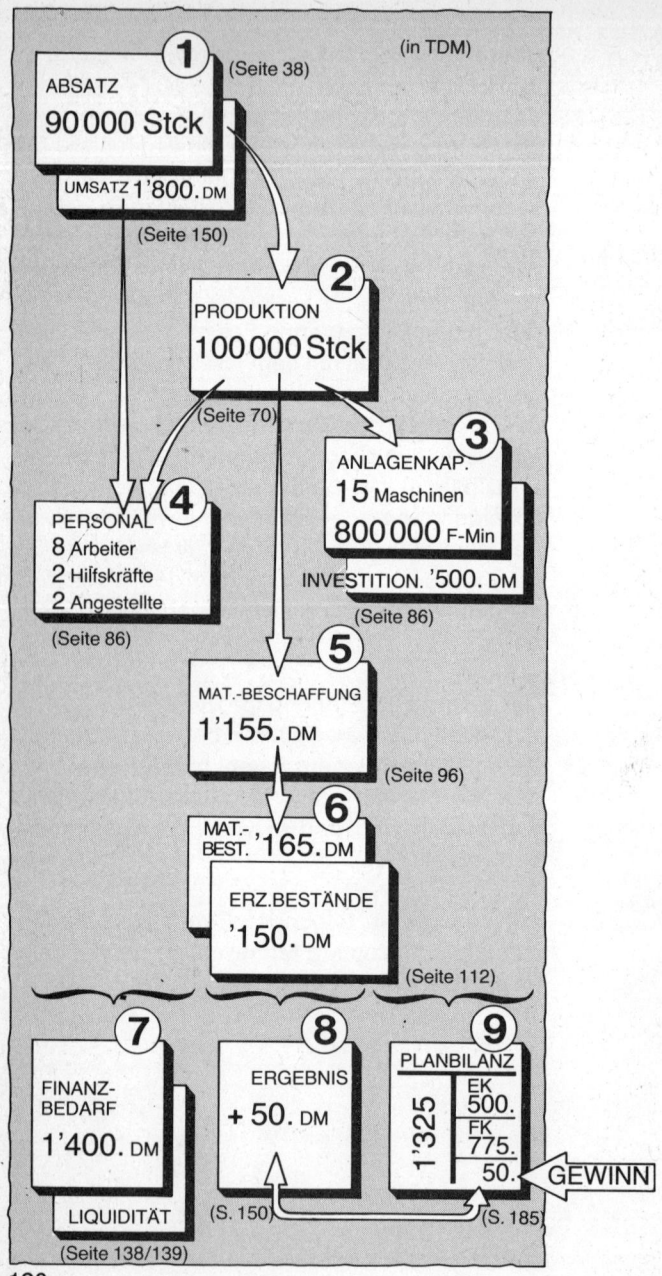

Mr. Moneymaker

hat die gesamte Planung seines zukünftigen Unternehmens durchgeführt. Die wichtigsten Ergebnisse sind in die nebenstehenden Pläne eingetragen.

Man könnte sich vorstellen, daß sich in den folgenden Jahren die Marktsituation ändert: Ein anderer Anbieter stellt ein ähnliches Produkt zu einem Preis her, der unter dem der Würfel-GmbH liegt.

Nun beginnt die Planungsarbeit von neuem. Die Absatzzahlen werden niedriger sein, da die Nachfrager nun die Wahl zwischen zwei ähnlichen Produkten haben. Daraus ergeben sich neue Zahlen auch für alle anderen Pläne; bei der Festlegung des neuen Preises muß das Konkurrenzprodukt berücksichtigt werden, usw.

Der Planungsvorgang wird immer dann von neuem beginnen, wenn sich eine der Annahmen, auf die sich die Planung stützt, verändert.

 Dieses Buch hat Ihnen einen Einblick in die Probleme der Betriebswirtschaft vermittelt.

Wichtige Bereiche aus der Betriebswirtschaft werden in den anderen Bänden der Reihe «Kaufmännisches Grundwissen strukturiert» detailliert behandelt.

Der Schlüssel zum/zur ...

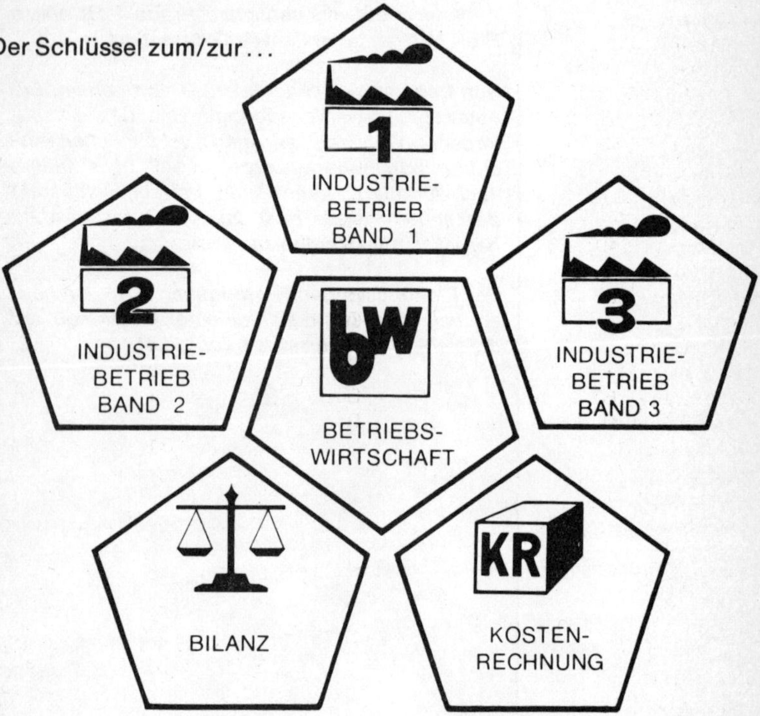

INDUSTRIE-
BETRIEB
BAND 1

INDUSTRIE-
BETRIEB
BAND 2

BETRIEBS-
WIRTSCHAFT

INDUSTRIE-
BETRIEB
BAND 3

BILANZ

KR
KOSTEN-
RECHNUNG

Alle Bände dieser Reihe wurden vom gleichen Team in Zusammenarbeit mit einem Fachmann für das jeweilige Sachgebiet erarbeitet.

Jeder Band steht für sich und behandelt ein in sich abgeschlossenes Thema.

Alle Bände zusammen bieten eine komplette Einführung in die Betriebswirtschaftslehre.

Stichwortverzeichnis

Inhaltsverzeichnis

rororo computer

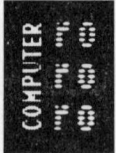

C 2092/10

rororo computer

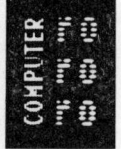

COMPUTER
ro
ro
ro

C 2092/10 a

rororo computer

Hans Herbert Schulze
Das rororo Computer-Lexikon
Schwierige Begriffe einfach erklärt
(8105)
Computer-Englisch
Ein Fachwörterbuch (8134)
Computer-Enzyklopädie
Lexikon und Fachwörterbuch für
Datenverarbeitung und Tele-
kommunikation. 6 Bände (8141)

Sherry Turkle
Die Wunschmaschine
Der Computer als zweites Ich (8135)

Martin F. Wolters
**Einführung in die elektronische
Datenverarbeitung**
Eine strukturierte Unterweisung:
Der Schlüssel zur Computer-Praxis
(8111)
**Der Schlüssel zur Computer-
HARDWARE** (8112)
**Der Schlüssel zur Computer-
SOFTWARE** (8113)
**Der Schlüssel zur Computer-
ORGWARE** (8114)

COMPUTER

C 2092/10 b

ÖKO-TEST Ratgeber

In der Sachbuch-Reihe «ÖKO-TEST Ratgeber» finden Sie Testergebnisse zu den gesundheitlichen und ökologischen Auswirkungen einzelner Produkte – Anstöße für Hersteller, Orientierungshilfe für Verbraucher.

Ratgeber Kosmetik
Band 1
Nr. 8520

Band 2
Nr. 8787

Ratgeber Diät
Nr. 8541

Ratgeber Heimwerken
Nr. 8580

Ratgeber Büro
Nr. 8737

Lexikon Haushalt
Nr. 8733

Herausgegeben
von
Ingke Brodersen

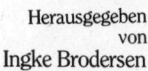

C 2380/3

rororo sachbuch
8521

rororo sachbuch
8518